EXCEL V

Guía de Excel VBA paso a paso para Principiantes

David Dalton

Tabla de Contenidos

Prefacio

Este libro cubre el VBA en Excel. Estos lenguajes de programación son esenciales para el uso de Microsoft Office, incluyendo Excel. VBA para otros programas de Microsoft como Acccess tratan con tables, consultas y reportes así como otros elementos de entrada de datos. Hay varias razones por las que los fundamentos de VBA se usan en Excel: es fácil y personalizable para adaptarse a lo que el cliente necesita. Si todavía dudas de VBA, considera estas ventajas para ayudarte a crear tu propio criterio.

Primero, VBA es fácil de aprender. Podrías pensar que es una frase contradictoria ya que VBA involucra programación. Sin embargo, el código podría ser difícil de aprender en las primeras etapas de aprendizaje, pero pronto entenderás que es bastante manejable, y a partir de una etapa se volverá más sencillo. El lenguaje se vuelve más sencillo de aprender una vez que aprendes a escribir las instrucciones, y encontrarás que el proceso de programación será mucho más sencillo de lo esperado. Además, entenderás que deja de ser una tarea y se vuelve una actividad amena.

En segundo lugar, VBA emplea un desempeño de alta velocidad durante las operaciones. Lo mejor de usar VBA es que puedes disfrutar de una eficiencia mejor que la de la ejecución de datos tradicional en el sistema Excel. VBA es bastante eficiente, así que el trabajo puede completarse de modo eficiente, valga la redundancia.

En tercer lugar, VBA ofrece versatilidad. A pesar de que la implementación de cálculos en VBA no necesariamente puede permitir programas complejos, te permite crear programas con algo de adaptabilidad. Involucra una cantidad de distintas entradas así que nunca te quedas pegado en una cosa o desarrollas un ciclo monótono.

Otra ventaja de VBA es que tendrás un mejor análisis. Cuando te familiarices con las instrucciones, serás capaz de transportar los datos de manera exitosa. Por lo tanto, al usar VBA en Excel, es posible lograr un análisis preciso de los datos con facilidad. Sin VBA, las tareas más sencillas se vuelven difíciles y bastante tediosas.

Al igual que cualquier programa eficiente, VBA ahorra tiempo. Trabajar con los datos usando la programación VBA te permite realizar rápidamente las tareas con máxima precisión. La información compleja puede manejarse de manera precisa y el malgasto de tiempo es mínimo. Con VBA, los reportes y hojas de cálculo pueden completarse en unas pocas horas. También es posible automatizar las tareas que podrían tomar años en completarse a mano para ayudarte a ahorrar tiempo.

Otro argumento a favor de VBA es que serás capaz de asumir el trabajo de consultoría en hojas de cálculo que requieran de VBA. Si te vuelves bueno programando, puedes cambiar de papel y volverte un desarrollador de Excel a tiempo completo. Esto mejora tus capacidades y tu carrera. Al mejorar tus habilidades, te volverás un candidato para los trabajos de mayor nivel, mejorando tu estatus en la oficina o en la compañía.

Por medio dela automatización de tareas con VBA, alguien que no sepa nada de Excel puede realizar tareas al correr macros. Esto asegura que tu trabajo se completará de manera eficiente. Además, serás capaz de realizar tareas que serían imposibles usando formatos tradicionales de Excel.

Sin embargo, antes de aprovechar al máximo este mérito, asegúrate de que macro esté habilitado.

Para recapitular, Microsoft Excel VBA es un programa genial que no sólo mejora tu experiencia con Excel, sino que también mejora tus habilidades de programación. Te ahorra tiempo y dinero y hace que la representación de datos y los cálculos complejos sean sencillos y automatizados.

Claramente, el héroe olvidado de Microsoft Office Excel VBA brinda una gran cantidad de soluciones que permite que las tareas sean completadas sin tedio. El siguiente texto se divide en cinco capítulos que tratan distintos aspectos del tema.

Entre estos se incluyen el IDE, los bucle y clusters, los objetos de Excel y sus operaciones, por nombrar algunos pocos. El lenguaje también es sencillo para que un novato sea capaz de entender los términos de programación.

(Nota de la traducción: Los nombres de algunas funciones, métodos y objetos, entre otros términos, en algunos casos se dejaron intactos por simplicidad)

Introducción

Visual Basic for Applications, abreviado como VBA, es un lenguaje de programación que consiste de comandos extendidos en un ambiente por tipo de aplicación para trabajar directamente con los objetos dentro de la aplicación. Esto significa que VBA para Excel puede trabajar con hojas de cálculos, celdas, gráficos o libros contables. También funciona con otras aplicaciones de Microsoft. Cuando se trata de Excel, trabaja con macros, fórmulas y cálculos complicados.

El usuario es fácilmente capaz de calcular funciones complejas tales como Black Scholes y otros cálculos de regresión. Se refiere a un lenguaje de programación a pesar de que no puede correr sin una aplicación huésped. No se traduce automáticamente a crear una coordinación entre los programas. Un proveedor de productos que usa VBA podría incorporarlo en las aplicaciones que no lo tenían. La aplicación generalmente es fácil de usar, aunque para usarla en nuevas aplicaciones, primero debes familiarizarte con el modelo.

La meta de este libro es analizar VBA como una aplicación y su uso en Excel. VBA ciertamente no es un lenguaje escondido en el que los usuarios estarán presionados a buscar y aprender, está lejos de eso. Es el sistema de programación central de escala completa para Microsoft Office. Luego fue usado para programación por distintos vendedores. Puede considerarse como un decodificador de tipos ya que VBA hará más sencillo el abordaje de problemas complejos.

Como lenguaje inicial, VBA no es igual de grande cuando se lo compara con otros lenguajes como Java o Python. Empezó con la meta específica de expandir las capacidades de las aplicaciones de Microsoft Office, lo que implica que no se mete con el contenido del lenguaje de software para iniciar. La simpleza de VBA le permite volverse menos exigente y más sencillo. VBA tiene varios compiladores que son regulares para cada lenguaje, lo que implica que es un buen prólogo para la programación.

Para que imagines como se harían los cálculos sin VBA, piensa en este caso. Supongamos que debes comprobar funciones en una hoja de cálculo. Considera que le has dado designaciones a las celdas para el precio de ejercicio (k), el valor del stock (s), el costo del préstamo (r), el tiempo (t), y la inestabilidad (v). La ecuación sería la siguiente:

$$s*exp(-d*t)*normsdist((\ln(s/k)+(r-d+v\char94 2/2)* t)/(v*t\char94 0.5))$$
$$-k * exp(-r * t)* normsdist((\ln(s/k)+(r-d-v\char94 2/2)*t)/(v*t\char94 0.5))$$

Escribir esta fórmula puede ser bastante tedioso y puede ser complicado para aquellos que no tengan conocimiento de estadística. Sin embargo, puedes elegir duplicarla en cualquier momento que la tengas que usar. Puedes usar la tabla de información de Excel para hacer una tabla de los Blach Scholes y los precios. Sin embargo, no es adaptable y es un poco pesado.

En caso de que debas calcular el delta r gamma, tendrías que volver a introducir o duplicar las ecuaciones en cada una de las celdas en la que debas hacer el cálculo. Si el usuario elige cambiar algunos componentes de la fórmula, tendría que revisar cada evento y hacer las modificaciones pertinentes luego.

Cuando se usa una ecuación similar en toda la hoja de cálculo, se vuelve más difícil cambiarla de modo confiable. El desarrollo de las hojas de cálculo es más difícil cuando se usa la configuración tradicional (sin VBA(en el caso de que debas realizar ciertos cálculos. No tendría sentido hacer esto en una sola celda, por ende uno tendría que registrar el árbol binomial dentro de las celdas que serán utilizadas. No sería necesario duplicar la fórmula como se requiere para el valor del stock y el costo alternativo. El escenario no es tan malo cuando se considera un cálculo de 3 etapas.

Sin embargo, si hay que hacer 100 pasos, el tiempo que vas a pasar haciendo la configuración podría arruinarte el día. Lo mismo aplica cuando se configura el árbol de evaluación. No hay un enfoque para cambiar el árbol de llamadas. Claramente, es posible hacer que las ecuaciones sean más adaptables usando VBA. Las cosas son considerablemente más sencillas cuando haces las ecuaciones en Excel usando Visual Basic Applications.

VBA es un lenguaje dirigido por eventos, lo que significa que nada sucede hasta el momento en que algún evento suceda. En VBA, no se ejecuta ningún código a menos que sea una respuesta a un evento que ocurra o a la ejecución de un código una vez que ha sido activado por otro evento. Abrir un archivo de Excel activa el evento de Apertura, y cerrarlo causará un evento de desactivación en la página que ha sido elegida, y el evento seguirá en la próxima hoja que el usuario escoja.

Una buena cantidad de eventos suceden sin tener un código relacionado a ellos y esto no está fuera de lo ordinario. No siempre debe suceder algo cada vez que un evento sucede. Por ejemplo, una cajón de contenido o un cuadrado podría activar una marca . La capacidad de ser dirigido por los eventos implica que el usuario puede no saber con exactitud en qué momento debería ejecutarse un código. Por ejemplo, uno podría tener un procedimiento que se ejecute cuando se elija una hoja específica. Eso implicaría revisar las columnas sin usar o sacar la información de otra fuente. Mientras esto suceda, puedes hacer clic en algo de la hoja de cálculo, teniendo en mente que la meta final es lograr algo diferente, tal como el ordenamiento de la información en la hoja de cálculo.

Generalmente los protocolos de Excel gestionarán la planificación cuando los procedimientos sean realizados. Es importante saber que es posible hacer que una tarea empiece antes de que otra sea terminada. La mayoría del tiempo esto podría no resultar en problemas, pero en otras ocasiones sí podrían generarse problemas.

VBA también es un lenguaje basado en objetos. Basado en Objetos significa que entre las referencias a las aplicaciones, las cosas tales como las celdas, libros de trabajo, hojas de cálculo y los gráficos son los objetos. Un objeto tiene características específicas. Las personas tienen atributos tales como su peso, su tono de piel, estatura y color de ojos..

Los objetos pueden completar cosas o hacer que las cosas se completen dentro de ellos y estas actividades se conocen como estrategias. Un libro de trabajo puede abrirse o cerrarse al igual que el sombreado de una celda puede cambiarse mientras que una hoja de cálculo puede ser borrada.

A pesar del hecho de que uno puede usar variables y requerimientos en el código que pudieran no tener una relación inmediata con el objeto, los resultados del proceso probablemente serán usados para cambiar la propiedad del objeto dentro del libro de trabajo- el alcance de los datos que son usados como un arreglo de información y si una hoja de cálculo específica está visible en algún momento dado.

Capítulo 1

Fundamentos de Programación

Cómo instalar VBA

La seguridad es fundamental para tu PC y los virus cada vez se hacen más fuertes y difíciles de mantener bajo control. Los virus de lenguaje macro, por ejemplo, los que son escritos en VBA, son moderadamente fáciles de detener puesto que pueden ser creados por ingenieros de software novatos. Esta es la razón por la que Microsoft ha añadido varias capaz de seguridad al ambiente de trabajo de estos programas para prepararlos para estos macro-virus.

El nivel principal de seguridad que Microsoft ha impuesto es el de deshabilitar el soporte del macro lenguaje para los programas. Obstaculizar el refuerzo de lenguaje se ha vuelto estándar para los sistemas de instalación ordinarios de Office y cualquier segmento de los programas. Si no funcionan cosas tales como los asistentes de instalación, los add-ins y los registros de la aplicación VBA, demostraría que el Excel que fue instalado estaba obstaculizado.

Debes instalar VBA y luego usar el bolster de la configuración macro antes de meterte en el IDE y realizar las actividades o usar los instrumentos que han sido mencionados anteriormente en el texto d. Para instalar y habilitar VBA, deberás insertar el CD o el dispositivo externo que contenga el programa de Excel en la PC y luego ejecutar el setup haciendo lo siguiente.

- Ve a proyectos en el panel de control y haz doble clic en el ícono de añadir/remover programas.
- En caso de que hayas instalado Excel junto con el resto de Office, lo mismo sería adecuado en caso de que hayas instalado el programa de Excel independientemente del resto de los programas de office.
- En la pantalla de instalación dentro del programa, haz clic en el botón de add-in, que está al lado de funciones compartidas en Office.
- Ve a VBA, haz clic en la opción al lado de esa, y ejecuta desde Mi Computador.
- Puede que tengas que instalar los registros de ayuda de VBA en la ayuda básica.

Una vez que haya terminado la instalación, podría ser necesario alterar la macro seguridad antes de continuar con cualquier programa VBA. Para cambiar las opciones de seguridad puedes hacer lo siguiente:

1. Ve a macro, instrumentos y luego ve a seguridad desde la ventana de Excel.
2. Selecciona un nivel de seguridad bajo para considerar macros.

Variables

Las variables se usan en VBA para guardar información y los nombres que se le asocian son para reconocerlas en la memoria de la PC. En el sistema que el valor de comisión, uno puede crear una variable que contenga ese valor. El procedimiento de crear una variable y su información se conoce como presentación. Hay dos tipos de afirmaciones en VBA: explícita o implícita.

En la sentencia implícita, es posible usar una variable sin pronunciarla. Eso se conoce como afirmación implícita. Ve el siguiente código:

```
Sub calc()
Answer = 100 + 100
MsgBox(Anwser)
End Sub
```

Sacado de Microsoftproducttraining.com

Cuando uno ejecuta este código, la ventana macro se despliega y luego, al hacer clic en marco calc y ejecutar, el cuadro de diálogo parece estar vacío debido a un error ortográfico y el error puede no percibirse por la variable debido a que se ha ejecutado de manera implícita. Uno luego sería capaz de cambiar el código así:

```
Sub calc()
Answer = 100 + 100
MsgBox(Answer)
End Sub
```

Cuando uno ejecuta este código, el resultado que se muestra es el siguiente.

A partir de este ejemplo, uno puede reconocer las imperfecciones que se tienen cuando se usa la implementación implícita.

1. Está inclinada a fallas y errores de ortografía que hacen que el código no se ejecute bien.
2. Por defecto, los datos de la variable se reparten cando se la pronuncia como un entero, lo que sería más eficiente por un amplio margen.

La declaración explícita se usa cuando hemos encontrado que las declaraciones implícitas están abiertas a errores dentro del código. Para evitar los errores y poder controlarlos, debemos fijar una declaración explícita.

Con el objetivo en mente de asegurar que la actividad suceda, puedes escribir Option Explicit en el punto más alto de la ventana del código como se ilustra. Con el cursor, habría un error agregado debido a que la variable no ha sido completada. Teniendo en cuenta el objetivo de hacer que el código corra, tendrás que pronunciar las variables y añadir después la siguiente línea de código a la Sub-rutina.

```
Dim answer as Integer
```

El código ahora correrá para mostrar el resultado. Puedes anunciar más de una variable a la vez. Podrían ser, por ejemplo, el apellido de un trabajador y la suma de compensación.

El código sería el siguiente:

```
Dim Salary_amount as Double, Employee_name as string
```

Funciones de VBA

En contraposición a usar una fórmula que se escribe en la hoja de cálculo básica, es posible confeccionar funciones de VBA para ejecutarla. La creación de la habilidad extrínseca generalmente es astuta si la fórmula básica es confusa o si incorpora algo más que una simple proclamación de tarea. La capacidad sería conjurada en la hoja fundamental precisamente se haría en las funciones dadas en Excel al crear la receta de la celda.

Mientras se hace clic en macro, herramientas, editor de Visual Basics y se inserta un módulo, una página en blanco de Visual Basics se abre. En dicha página va el código. Uno podría hacer clic en la barra de herramientas para ingresar a VBA. Los usuarios de otras versiones de Excel podría tener que usar macro, insertar y módulo. Una vez que estés en Editor de Visual Basic, puedes revisar la ventana de exploración que está en la esquina superior izquierda de la pantalla.

Puedes pasar por varios nombres de los includes de Excel que usaste o que alguna otra aplicación usó o que han sido introducidos a la PC. Un include no evita que incluyas su código VBA, aunque un latiguillo sí. Mucho del código que harías debería colocarse dentro de un módulo bajo Insertar. El código que se introduce ahí será abierto desde cualquiera de las hojas de cálculo y puede ser transferido de allí a cualquier otro proyecto donde quiera usarse. Si se coloca un control, por ejemplo, un botón de comando que establezca la subrutina en una hoja de cálculo, el código que para el evento que necesites podría aparecer en el código de esa parte.

Mientras configuras un botón de comando desde los controles de la caja de herramientas en la hoja de cálculo, al hacer doble clic en él mientras estás en el modo de planificación, abrirás el editor y el código escrito que se ejecutará con ese control será colocado en esa hoja de cálculo en vez de un módulo.

Puedes colocar la mayoría del código que necesitas que se ejecute con el botón en la hoja de cálculo pero colocarlo dentro de un módulo como un protocolo alterno es generalmente la opción más ordenada.

Un módulo podría incluir un solo límite hecho por el cliente o un Sub horario. Puede consolidar distintos subprogramas. Entonces, uno podría hacer algo de programación bajo las agregaciones de objetos de Excel, puesto que es significativamente más probable que el código hecho por el cliente vaya en un módulo. Cada módulo debe empezar con el "Option Explicit". Esto le permite al diseñador del producto reportar la mayoría de las variables.

Como preparación, ayudará en cuanto a los errores ortográficos. Además, VBA consideraría las variables no declaradas como alguna variante. Por ejemplo, en caso de que fijes la variable idéntica a una cadena de caracteres, estaría bien. Si una variable comparativa se fijara como un número entero luego, la mencionada variable se transformaría en un número entero.

Esta preparación hace que la ejecución sea más lenta a largo plazo y también hace que se requiera más memoria. En el libro de Walkenbach, por ejemplo, el código que usa una variación compuesta es más lento por un factor de cuatro. Uno podría tener un "Option Explicit" que ya esté automáticamente embebido desde el inicio de cada módulo al ir a herramientas, opciones y luego al editor y revisar la presentación de variables requerida, y luego hacer clic en el botón de ok en el editor de Visual Basic.

De hecho, el tipo de límite y conflicto que ha sido pasado a ella ha sido transmitido como un número a la deriva de doble precisión. Puesto que los números dentro de los teléfonos de las hojas de cálculo son de doble precisión, lo que interfiere su transmisión con precisión en el límite, podrían requerir algún tipo de encendido y de introducir y dejar el límite, y esto costaría mucha precisión.

De cualquier modo, el límite no funcionará tal como se ha creado anteriormente. La razón es que VBA tiene varias habilidades innatas que Excel no tiene.

Entrada y Salida: Introduciendo y Sacando variables de VBA

Con excepción del último, cada caso que se ha presentado ha tomado los datos de la hoja de cálculo y los ha transformado en variables de VBA y la salida regresa a la hoja de cálculo como el valor límite. Las subrutinas pueden cambiar a más de una, puesto que el refinamiento entre las subrutinas y funciones es legítimo en cualquier lenguaje de programación.

Es apropiado considerar otros modos de lidiar con los datos que entran y salen de los programas de VBA. La propiedad de las celdas te permite introducir y sacar datos de las hojas de cálculo usando los registros de línea y porción.

Procedimientos Sub de VBA

El editor de VBA reconoce el protocolo sub considerando que los protocolos se configuran entre el comienzo y los protocolos:

```
Sub
    .
    .
    .
End Sub
```

Fuente: Excel functions from

http://www.Excelfunctions.net/VBA-Functions-And-Subroutines.html

Aquí, el código muestra un protocolo bastante sencillo para que VBA aplique el formateo a un rango de celdas seleccionadas. Estas se formatean para que se alineen de modo horizontal y vertical

```
Sub Format_Centered_And_Sized
Selection.horizontalalignment= xlcenter
Selection.verticalalignment= xlcenter
Selection.font.size=iFontSize
End Sub
'Sub Procedure to Center and Apply a Supplied Font Size to the Selected Range
Sub Format_Centered_And_Sized (Optional iFontSize As Integer = 10)
```

Este caso aplica a la variable opcional, iFontSize. Si el iFontSize es brindado por el Sub, se aplicaría la dimensión 10 al texto básico. Cuando esto sucede, el rango sería capaz de recibir el tamaño de texto que quiere el cliente.

Luego es posible terminar el Protocolo sub de VBA desde el programa por medio de la introducción de palabras clave e ir al nombre y luego a los conflictos de Protocolo subs en distintas secciones. Los procedimientos Sub no pueden crearse en una hoja de cálculo como los procedimientos de VBA ya que los procedimientos Sub no producen un valor. Por otro lado, no hay ningún objeto brindado, por lo que los Procedimientos Sub de VBA quedan disponibles para el cliente.

En general, el Protocolo Sub de Format_Centered_And_Bold es apropiado en las hojas de cálculo para la aproximación manual. De cualquier manera, Format_Centered_And_Bold no sería aplicable puesto que sería visto como un objeto.

Las palabras clave tienen significado cuando se relacionan a los procedimientos de VBA. Si ninguno de los términos clave se introduce al inicio o en el Sub- Protocolo en cualquier momento, automáticamente se abre a la disponibilidad en cualquier punto. Es único junto con la asociación con las declaraciones de variables que son privadas. En ese caso, tendrías que dejar el espacio de trabajo de VBA o el sub-protocolo antes de que haya llegado al final ya que, para entonces, sería aconsejable hacerlo con el uso del subcomando de Exit o Leave.

Un Sub infiere en algo del código que uno hace para un errando específico. El sub puede ser controlado al presionar F5 dentro del editor de VBA y puede ejecutarse al introducir el Sub a un botón, que esté coordinado en la hoja de cálculo. También se puede ejecutar desde la barra del menú, que está dentro de los propósitos del Editor.

El código para esta circunstancia se basa en la configuración de las celdas como se muestra por la estimación de ActiveCell. Si el valor de ActiveCell es menor a 20, el estilo de texto se cambiará a Arial 16 en negritas. Este código es adecuado ya que, a pesar de todo, la meta es usar el código comparativo de manera equivalente. Después de todo, podrías tener que diseñar más celdas para el Sub o empezar con un Sub totalmente distinto. Sería mejor si el código se introdujera en su propia subrutina particular. Es posible entonces ejecutar el código en cualquier puno que se requiera. No habría necesidad de duplicar el código que acaba de escribirse.

Invocación de subrutinas

Una subrutina puede usarse haciendo clic en herramientas y hacer doble clic luego en el nombre de subrutina. En caso de que quieras ejecutar una subrutina varias veces, crea un acceso directo en la hoja de cálculo para su fácil acceso. Esto nos lleva a crear un botón para las Subrutinas.

1. Pasa el cursor sobre la barra de herramientas y haz clic derecho.

2. Deberían resaltarse los nombres de la barra de tareas. Mueve el cursor a la parte de la barra de estructuras y haz clic. Se mostrará otra barra de herramientas.

3. Hay un ícono rectangular en la barra de herramientas que dice "Crear Botón", que se asemeja a un botón. Haz clic en él.

4. Se volverá una mira. Muévela a la hoja de cálculo, presiona el botón izquierdo del ratón y haz un rectángulo. Cuando sueltes el botón aparecerá un cuadro de diálogos, y las decisiones incluirán el botón de exhibir. Haz clic en esa opción.

5. Ahora debes hacer clic en el botón. Haz clic izquierdo sobre él ahora. Ahora tienes la capacidad de ver el

cuadro de diálogo que se muestra y hacer clic en sí o no para disponer del diálogo.

Este caso es irrelevante si hay un cálculo. Por ejemplo, asuntos de Black Scholes o Monte Carlo, puesto que tendrías que crear una subrutina para ejecutarla desde la rutina.

Hay un tipo de MsgBox que te permite ajustar la proximidad. Se ubica en la configuración online y hay un ejemplo ilustrado en el DisplayBox2. Uno de los aspectos contrastantes de este cambio está en el Sub-horario, es posible revisar estimaciones respecto a las reacciones de la variable y hacer que la subrutina realice ejercicios particulares con respecto al botón que el cliente ha presionado.

Hay nombres que no se pueden asignar a las funciones. Como usuario, deberías conocer lo que no puedes usar. En las versiones anteriores de Office, como por ejemplo en la de 1997, los documentos tenían esta información. El nombre de la función depende de las convenciones específicas para el nombramiento de variables; sin embargo, estas no son especialmente útiles. Hay limitaciones particulares en ella. Por ejemplo, uno no puede nombrar una función como un número.

Tampoco se te permite usar algunos de estos caracteres en el nombre de la función: +, - , ;, :, %,/. Fue fundamental pensar en este traspié puesto que el compilador de visual basic te permite entender que algo no va bien en caso de que intentes fijar alguna iteración en el nombre de la función. Como tal, uno puede usar un guion bajo en lugar de un esapcio para el nombre de la función. En este caso, BS_2 es adecuado como el nombre de una función, aunque también deben haber ciertas consideraciones tales como los nombres de obras que son legales a pesar de que no son usados. HS$ es u buen ejemplo. Puede que sea un buen nombre para el protocolo. De cualquier manera, considera lo que sucedería en caso de que le des el nombre de un trabajo caracterizado. Puede introducir, por ejemplo, "HS2 (3)" en una celda. La búsqueda es el medio por el cual Excel lo comprendería. El problema es que HS3 también puede ser el nombre de una celda. SI intentas utilizar la función en la hoja de cálculo, Excel mostraría REF y no comprendería como no está mal.

Diferencias entre Procedimientos Sub y funciones

Las subrutinas y funciones no pueden intercambiarse ya que no tienen funciones similares. Las subrutinas deben invocarse usando un botón o un medio explícito mientras que las funciones deben estar embebidas dentro de la celda para regresar resultados. En cuanto a sus tareas distintivas, algunas funciones de VBA funcionarían en una pero no en otra. Dentro de una subrutina, es posible comunicarse con las celdas del libro de trabajo. Puedes completar un cálculo y tener la respuesta apropiada en la celda A1.

No es posible enlazar las células que están dentro de la función considerando que hay distintos enfoques. Ninguno sería aplicable en las funciones. Tampoco puedes ejecutar una hoja de cálculo o cambiar nada de lo que se muestra dentro de la función. Los protocolos no pueden usarse desde los teléfonos.

En algunos casos, puedes encontrar que las limitaciones son algo frustrante, aunque estén allí debido a que los procedimientos Sub y las capacidades tienen varios propósitos.

Acceso de Archivos Secuenciales

Componer datos en un documento de datos secuenciales específicos puede compararse a grabar música en un cassette. Las melodías que están en la cina varían y se colocan en una progresión ordenada. Puede ser difícil conocer el momento de cada tono. Por lo tanto, es difícil acceder a alguno en particular.

De manera similar, cuando los datos se escriben en un documento secuencial, los bits de datos individuales pueden cambiar según se indica por la longitud y se componen en la grabación durante el tiempo que se pasa en una progresión estacionaria. Los valores numéricos que se componen de los registros secuenciales no tendrán las mismas sentencias.

Las cadenas de caracteres que tengan nombres cambian en longitud y pueden necesitar de distintos espacios de memoria por efectos de capacidad. . Puede introducir una porción del documento secuenciado, que se necesite en algún momento. En este caso, la grabación entera tendría que guardarse en la memoria.

Capítulo 2

Entorno de desarrollo integrado de VBA

Getting into IDE

Las aplicaciones de Visual Basic para programas de computadora se desarrollan en todas las partes de la suite de Microsoft Office para proyectos como Excel. El inicio de la programación de avance VBA establece los fundamentos de programación para el IDE, el cual permite herramientas para su uso en la elaboración de el proyecto. La forma más rápida de ingresar al IDE de VBA es hacer clic en Alt + F11 dentro de la ventana de Excel esencial.

De manera similar, es posible consultar desde el menú estándar de Excel a través de herramientas, siendo éste un punto macro y, posteriormente, con el Visual Basic Editor. Para iniciar el IDE, se creará una ventana para desarrollar el IDE de VBA junto con un segmento de las herramientas utilizadas para la producción de proyectos. En numerosas aplicaciones, hay una barra de menú sobre el punto más alto de la ventana. Es posible que simplemente vea algunas cosas que existen dentro del menú y que luego se vuelven evidentes a medida que avance en el libro.

Una de las cosas esenciales en el menú sería la ventana del explorador tal como se muestra en el área superior izquierda de la ventana IDE. El explorador de la barra de herramientas registra los proyectos que están en el lado derecho y que se encuentran abiertos, incluidos los que se acceden a través de Excel durante el inicio.

Además de eso, el explorador de procesos registra partes de cualquiera de los proyectos a los que se accede en la ejecución con la figura; hay un resumen de lo que se conoce como Libro 1. Luego de abrirlo, contiene cuatro objetos de

Excel que son la hoja 1, 2, 3 y este libro de trabajo 1.

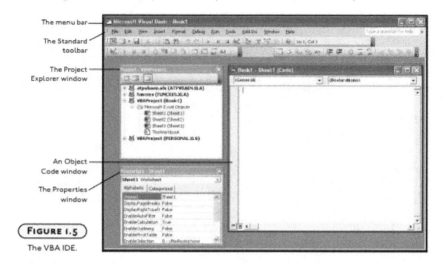

The menu bar

The Standard toolbar

The Project Explorer window

An Object Code window

The Properties window

FIGURE 1.5

The VBA IDE.

Fuente: http://nomish.yolasite.com/resources/EXCEL%20VBA%20programing.pdf

Justo debajo de la ventana del explorador de proyectos, como se muestra en la figura anterior, se presenta la configuración de propiedades. Este último muestra una rápida descripción general de los aspectos destacados o elementos del objeto fundamental que se encuentra en el proyecto. Estas características son necesarias para controlar la manifestación de la pregunta donde se encuentre.

Los elementos de la hoja 1 aparecen en la figura anterior acorde a como fueron seleccionados dentro del explorador del proyecto. La confirmación de algún otro objeto permitirá

39

acordar una lista de propiedades dentro de la ventana de propiedades. Pocas partes de los objetos tienen propiedades implícitas. La herramienta principal dentro del control de propiedades es abrir otro libro de trabajo y establecer los nombres.

Digamos que, el explorador de proyecto y las ventanas de propiedades no se inician en el debido momento, entonces se pueden acceder a estos mediante técnicas para el menú de visualización. También puede utilizar las pulsaciones de teclas F4 y CTRL + R con un objetivo específico para acceder al explorador de tareas y las ventanas de propiedades. En el momento en que se muestra la ventana del explorador de proyecto, puede proceder a encontrar el proyecto el cual es ilustrativo del libro de trabajo abierto en Excel. Si las partes abiertas del libro de trabajo no están establecidas, haga clic en el signo + que está cerca del organizador de objetos de Microsoft Excel el cual se encuentra debajo del nombre de el proyecto.

Luego, explore la sección llamada hoja 1, selecciónelo y luego observe la ventana de propiedades. El paso a seguir sería considerar la ventana de propiedades hacia abajo hasta la posición en donde se encuentra la propiedad Nombre, que es la que no tiene la sección.

Puede ir a Excel haciendo clic en Alt + F11 en la barra de tareas. Será evidente que el nombre de la hoja actual ha sido suplantada con el de MySheet dentro del libro de Excel. Este es incuestionablemente sencillo para cambiar las propiedades de la hoja de cálculo en Excel con la utilización de VBA. Como la VBA es creativa, no será difícil cambiar las propiedades de la hoja de cálculo o el libro en el tiempo establecido. Con mucho, la mayor parte del trabajo generará cambios en las hojas de trabajo y, en los libros de trabajo los cambios se producirían durante el tiempo de ejecución ya que el objetivo es alterar las propiedades de los controles ActiveX.

En el evento, se considera la figura en donde se encuentra una ventana estándar. Estos se utilizan como compartimentos para los proyectos. Ellos se encuentran dentro de la codificación del programa, por lo que estas ventanas funcionan como directores de contenido que accionan después del Notepad o Bloc de Notas. Como cliente, uno tiene que entender que existen ventanas de código pre-retratadas, particularmente para elementos de Excel, como lo es por ejemplo, el libro de trabajo.

La ventana de código que se muestra en la figura señalada muestra la hoja 1 que está contenida en el libro de trabajo conocido como Libro 1. Hay más partes en el IDE de VBA, aunque esta información para empezar, es suficiente. Dependiendo de la necesidad, habrá una explicación más detallada de otras funcionalidades dentro del IDE que lideran la promoción de proyectos.

Programación de partes en Excel

No todos los elementos atractivos del software de programación VBA se encuentran dentro del IDE de VBA. Algunas partes relacionadas con la programación son aquellas que se pueden obtener directamente de Excel. Las partes de esta configuración se unen a la mayor escala de elementos que se detallan dentro del menú para las herramientas y tres de las barras de herramientas que forman parte de Visual Basic junto con la caja de herramientas, en donde ambas se encuentran dentro del menú de visualización de Excel.

Dado que la parte de presentación de VBA IDE se ha adjuntado, es importante considerar cómo se pueden organizar desde Excel, las herramientas. Considere la opción a gran escala del menú de herramientas ilustrado en la ejecución. También debe tener en cuenta los diferentes elementos que se muestran en la figura, que aún no se han vinculado para estas futuras Macros y Registros Macro.

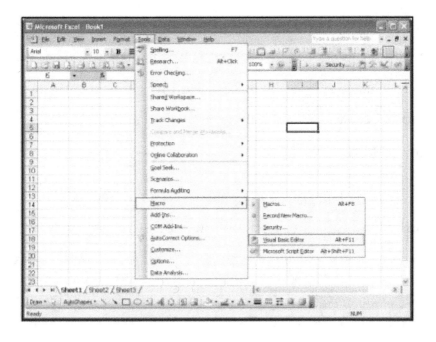

Fuente: https://sites.ualberta.ca/~jbb/files/Chapter01_VBA.pdf

La herramienta le permite al cliente crear un programa VBA a través de el uso de una caja de configuración con un reclamo para la mayoría del software VBA que se ha ejemplificado. El elemento en esta línea es una forma de trabajar con el acceso y la ejecución de los programas de VBA requeridos. Las

43

macros generalmente introducen los proyectos registrados mientras el cliente realiza un movimiento de diligencias en la interfaz de aplicación común.

Su uso viene cuando el cliente genera entradas en Excel de la misma manera más de una vez. En lugar de recrear las tareas, el cliente puede registrar sus ejercicios y luego reproducir la escala completa cuando necesite revisar un plan similar. De todas formas, es posible llegar a los proyectos que no se habían registrado previamente a través del objeto de menú a gran escala.

La barra de herramientas de Visual Basic ofrece un plan de herramientas para el diseñador de VBA. Como se indicó, elegir el editor visual correcto de la configuración permitirá el acceso. Hay otros conceptos básicos ilustrados en la configuración de Visual Basic.

Estos conceptos incluyen los registros macro, el modo de diseño y la macro de ejecución. Del mismo modo, en relación con Visual Basic se incluiría el icono de la caja de herramientas de control. La caja de herramientas de control también se puede obtener a través de las barras de herramientas que se encuentran en el menú de visualización.

La caja de herramientas de control proporciona un control de ActiveX los cuales son herramientas como el botón de comando y la casilla de verificación, en donde se pueden conectar a gran escala. El botón de comando, el cuadro de contenido y el control de imagen son algunos de los controles ActiveX que están presentes. Primero, puede vincular los controles en una hoja de cálculo haciendo clic en el botón pined para el control y así posteriormente está disponible para esquematizarlo en la hoja de trabajo. Después de que el botón de comando se haya establecido en la hoja de trabajo, encontrará que se seleccionó y la aplicación se inició dentro del modo de esquema. Puede acceder a los elementos de la configuración del botón de comando mientras está en modo plan o de planificación.

Luego puede ir al ícono de propiedades. Aparece una ventana de propiedades similares en VBA IDE. Esto ilustra como medio muchas de las funciones utilizadas para representar el control del botón de comando.

La ventana de propiedades en este momento registra un extenso segmento de las características o propiedades que se han utilizado como un toque para representar el control del botón de comando. Con respecto a la configuración de las propiedades de control del botón del comando, es posible modificar la característica de rasguño para hacer clic y representar cómo se muestran los nuevos subtítulos en los controles. Del mismo modo, puede modificar la propiedad Nombre a otro, por ejemplo, cmdColorChange.

El prefijo cmd para esta condición hace referencia al tipo de control (botón de comando), mientras que lo que queda del nombre es una referencia a partes del programa, que se inician en el momento en que se presiona el botón. De manera similar, se puede jugar con un segmento de propiedades atrayentes como el estilo de texto, el color de fondo y el valor que simboliza el objetivo real de jugar con la cercanía del control.

Incluso es posible mostrar una fotografía dentro de la configuración del botón de comando a través de la propiedad y luego considerar una narrativa de la fotografía desde la PC.

En ese momento, el botón de control de comando entra en ejecución, seleccione, en la caja de herramientas de control, la vuelta del código de vista o seleccione el botón de comando con un enfoque particular para acceder a la ventana del código. Esto le llevará al IDE de VBA. Luego modifique el comando para adjuntar. La mejor manera es lidiar con la supervisión ya que esto es agregar un código a la ventana de código. La barra de título describe claramente la solicitud que la ventana de código ha localizado. Aquí, la ventana de código tiene un enlace con la hoja de trabajo, que se conoce como hoja 1 dentro del libro de trabajo denominado libro 1.

En la parte superior izquierda del código, la ventana muestra un cuadro desplegable que tiene un compartimento con los nombres de los objetos que se encuentran en la hoja de trabajo seleccionado. El nombre del botón de comando se muestra luego considerando que el cursor está en el editor que tiene un enfoque del comando. La ejecución con figura muestra el IDE con la ventana de código.

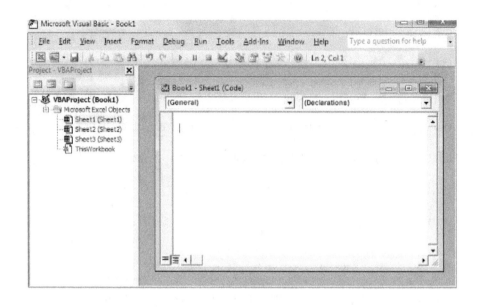

Fuente: http://www.homeandlearn.org/the_Excel_vba_editor.html

Los procedimientos para eventos se caracterizan de manera previa como controles de ActiveX y otros objetos dentro del alcance de Excel. Estos protocolos para el elemento elegido se encuentran en la zona superior derecha de la ventana dentro de un cuadro de lista desplegable. El desarrollo en clic es tan sencillo como el protocolo con varios controles ActiveX. Cualquiera de los códigos que están dispuestos dentro del procedimiento predefinido terminará activándose en el momento en que el cliente toque el objeto. Bajo esta circunstancia, ese sería el control del botón de comando, al que se asigna CMDcolorchange. El nombre de este proceso sería el nombre del objeto resaltado y luego tomado por el nombre del evento.

No es posible cambiar el nombre del motivo pre-caracterizado sin cambiar la propiedad de nombre para el elemento. En el caso de que modifique el nombre del elemento, el código dentro de este no continuará ejecutándose en el momento en que sea necesario.

La entrada Sub es obligatoria y se utilizará como originadora del proceso la cual puede ser caracterizada por un ingeniero de software o puede ser orientada hacia ciertas modificaciones. El segundo extremo de la entrada Sub se utiliza en su mayor parte como parte de una solicitud para cerrar el proceso. En un caso, escribir el procedimiento dentro de la ocasión del control del botón de comando es cmdColorChange.

```
Range("A1").Select
Cells.Interior.ColorIndex = Int(Rnd * 56) + 1
```

El resultado será la selección de la celda A1 en la hoja de cálculo y la configuración del tono de relleno de la mayoría de las celdas dentro de la hoja de trabajo, el cual es uno dentro de 56 opciones. Este sería el mismo que el cliente seleccionó inicialmente para la mayoría de las celdas y luego recurrió a cambiar el sombreado de relleno de la barra de herramientas para el formato cuando se trata de Excel.

La sombra de las celdas se utiliza de forma aleatoria, momento en el cual se cambiaría de acuerdo con el marco del comando a medida que el código es ejecutado mediante un clic.

Procedimientos de ayuda con VBA

Es esencial que el cliente esté satisfecho con la ayuda en línea relacionada con el IDE de VBA. Esto toma en cuenta el acceso rápido a las respuestas para cualquiera de los problemas de programación que se pueda tener con su proyecto. Los programadores generan grandes recursos y son excelentes en mejorar a los medios destinados a programar, aunque no todo está cubierto.

Más a menudo de lo que no, se necesita ver es un caso sencillo del mejor enfoque para utilizar una entrada específica de una palabra clave. La ayuda en línea no tiene realmente documentación sobre las palabras clave que podrían usarse dentro del proyecto. Siempre hay algo útil en línea y, por lo tanto, es posible localizar la documentación correcta.

Con un objetivo final específico para acceder al punto central de VBA, se necesita tener abierto el IDF, o de lo contrario todo será igual desde el menú de asistencia hasta la ventana, o también a través de la que se encuentra situada en la derecha de la hoja de trabajo. Vaya a la opción de ayuda, seleccione la asistencia de Microsoft Visual Basic para iniciar el cuadro de diálogo de configuración. Aquí, es posible leer detenidamente una lista, de capítulo por capítulo o frases claves, teniendo siempre en cuenta la idea final en el momento de buscar registros en línea.

Al desarrollar diferentes programas de detalles al inicio de un programa, los ingenieros de software, en general, reúnen un resumen de las necesidades específicas y luego hacen referencia al resumen, al mismo tiempo que describen el cálculo que se realizará después del proceso.

El punto de vista de preferencia al completar un resumen de requisitos previos es que el registro de origen se puede usar en los protocolos de desarrollo para la prueba de los proyectos. El objetivo del programa de inicio es ofrecer una demostración de los protocolos de eventos y los controles ActiveX y utilizar el VBA para conectarse a la hoja de trabajo.

La tarea principal de la plataforma sería permitir al cliente calcular las medidas básicas para un conjunto de datos elegido. Una parte de las necesidades de los datos se muestran en el siguiente contenido:

1. Computará conocimientos para una disposición específica de los datos. Estos incorporan los componentes elegidos por el cliente como las cualidades extremas y mínimas, los agregados y las cualidades normales.

2. El programa utilizará fórmulas de hoja de trabajo para el registro de parámetros estadísticos como procesos cotidianos dentro de los requisitos principales.

3. Se originarán fórmulas para los parámetros en D2 a D7. Los nombres de comparación serían C2 a C7.

4. El programa modificaría el tono interno a un color verde de las celdas C2 a D7.

5. Cambiará el formato de las celdas a Arial en 16 y hará que el contenido aparezca en negrita y azul.

6. Se iniciará a partir de un tick, desde el control de comando que está en la hoja.

A través del plan del programa, la IU puede considerarse también como entrada y salida, como área de código y como un medio de utilización de los otros segmentos durante la programación. La interfaz utilizaría un control de comando situado en una hoja de trabajo que inicia el programa. Los datos serán ingresados en el primer segmento (A).

Luego, el control de comando se debe establecer en los segmentos C y D que se pueden encontrar en la región superior de la hoja de trabajo. Este comando sería identificado por el cliente cuando se abra, aunque estará por debajo del empuje 7 con el fin de abstenerse de cubrir las cualidades estadísticas. Tenga en cuenta que hay un ajuste en las propiedades Nombre, Título y estilo de texto del control de comando. La mayor parte de las entradas del programa provienen de y hacia la hoja de trabajo.

Estos datos, que se utilizaron como parte de la evaluación de las cualidades estadísticas, deben originarse en las celdas elegidas por el cliente. Se deben componer las fórmulas de celdas de salida para las celdas de la hoja de trabajo que se desee, hasta el punto en que Excel calcule las cualidades estadísticas.

De igual manera, las marcas se emiten de forma continua a las celdas para obtener las cualidades estadísticas con el fin de que haya lucidez. La mayoría de la salida debe formatearse como se muestra dentro de los requisitos previos. En general, el programa comienza a ser iniciado por el control de comando, de modo que las entradas de programación se pueden colocar dentro del protocolo de evento en el control de comando.

Desde un punto de vista óptimo, el programa de detalles se puede iniciar desde una interfaz que está libre dentro de la hoja que contiene los datos. Es posible que el programa necesite componer las evaluaciones en otra hoja en lugar de poner en peligro los datos ya ingresados dentro de la hoja de trabajo.

Capítulo 3

Inicio de Programas con VBA

Considerando que los fundamentos del IDE de VBA han sido bien definidos, es posible presentar una porción de las ideas de programación básicas encontradas en la mayor parte de los lenguajes de programación. Las siguientes áreas abarcarán las variables y los tipos de datos, las constantes y las entradas y salidas directas.

Variables, constantes y tipos de datos

Puesto que el centro de atención ahora es Excel como una aplicación de hojas de cálculo, es pertinente que se presenten las variables. Busca consultas de los modos de calidades en una hoja de cálculo y el modo en que pueden usarse. Actualmente sabes que es posible colocar números en cualquier celda de la hoja de cálculo con Excel. Sin embargo, puede que no sea aparente inmediatamente que el formato de la celda de la hoja de cálculo es alterado con el objetivo de ser cambiado ante un evento posible.

Por ejemplo, un carácter está diseñado para señalar el valor que es ilustrado con o sin dígitos al otro lado de la coma decimal. Los números luego se organizan como el dinero o como una tasa. El contenido puede presentarse mientras es introducido o puede cambiarse en un momento o fecha específica. La sustancia de la estimación de la celda puede alterarse también o puede desecharse en cualquier momento.

Por consiguiente, las celdas de la hoja de cálculo son compartimentos para el almacén de números y la sustancia puede ser ilustrada y usada como parte de un par de arreglos inequívocos. Esto también muestra una variable en cualquiera de los lenguajes de programación. Es posible usar las variables dentro de los proyectos para guardar datos brevemente. En esa capacidad, cualquier entrada de datos por parte del cliente puede guardarse dentro de una variable y luego puede usarse en el programa. Respecto al proyecto de Colorful Stats, el siguiente código sería una variable en esta situación:

```
.range("C6").Value = "Normal:"
```

Ahora el contenido "normal" es replicado en la celda de la hoja de cálculo. EL contenido puede haber sido replicado efectivamente a la variable del programa al inicio y luego puede transferirse a la sustancia de la variable en la celda C6.

Declaracón de Variables

La declaración de una variable asigna memoria para usarse después. Declarar una variable significa usar una articulación de dimensión. La variable identidad es myVar. Esa identidad empezaría con un carácter alfabético y no puede pasar de 255 caracteres o tener espacios. Es mejor evitar el uso de acentos u otros caracteres especiales para optimizar una variable, puesto que muchos están restringidos.

A pesar de eso, el guion bajo está permitido y funciona para la partición de varias palabras que se encuentran en el nombre de una variable, también es prudente evitar el uso de las palabras clave de VBA y evitar usar los mismos nombres para distintas variables en un mismo conjunto.

Por cotidianidad, el nombre de una variable debería describir el valor que guardará.

Cuando se usa una variable para guardar el nombre de alguien, una identidad adecuada para dicha variable sería firstName. Lo mejor es empezar el nombre con un carácter en minúsculas y seguir con el resto de los caracteres. También es posible usar convenciones más adecuadas.

Un enfoque prudente sería usar una opción que parezca ser explícita dentro de la consideración principal de la ventana del módulo, lo que llevaría a la declaración de una variable explícita. De lo contrario, las variables podrían ser dimensionadas implícitamente según se requiera en el código.

En otras palabras, es posible empezar a usar otra variable sin hablarle con una explicación Dim si la proclamación opción-explícita no está siendo usada.

Este nos el mejor modo de programación considerando que hace que el código sea más difícil de descifrar y bastante más difícil de investigar. La variable puede verbalizarse como un tipo de dato entero. Esto pasa a VBA el tipo de datos que pueden asegurarse en la variable y la memoria que debe apartarse para dicha variable.

Objeto y Módulos Estándar

Los módulos son una estrategia relacionada a las declaraciones y tradiciones. Cada uno de los módulos va a crear una ventana sustituta dentro del IDE de VBA y, considerando la fase inicial de los módulos, tendrá una orientación incuestionable cuando se trata de las sentencias para cada una de las variables.

Por ejemplo, en la siguiente figura, la ventana del módulo es un módulo de problemas puesto que está relacionada con una pregunta. Esta tendría luego la vasta mayoría de los procedimientos que se asocian con la hoja de cálculo 1, y los controles de ActiveX que han sido añadidos a la hoja de cálculo. El módulo de preguntas también puede tener trayectorias de programación ilustradas. Toda hoja de cálculo se unirá a la ventana de código confinado.

El módulo básico está dentro en el menú de instalación del IDE de VBA. Los módulos estándar son competentes en otra área que está dentro del explorador de tareas, y pueden ser reseteados dentro de las propiedades. Los módulos estándar tienen declaraciones de variables y procedimientos para el desarrollador.

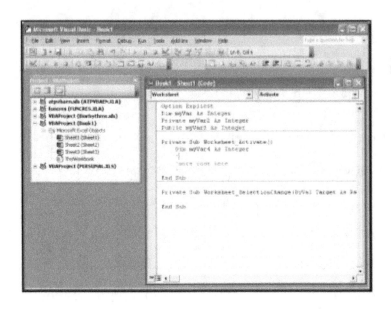

Fuente: https://sites.ualberta.ca/~jbb/files/Chapter01_VBA.pdf

Alcance de la Variable

La extensión dentro del a configuración de la variable es una referencia al tiempo en que le variable será accesible dentro del programa. Cuando se está en una situación particular, se puede acceder a ella de forma segura y controlarla. Cuando una variable está fuera de sincronización, ya no está disponible. Las variables, tal como se dice en el apartado del enfoque de evento de estrategia para el control de comandos, son un tipo método de variable. Los tipos de estrategia de variables generalmente solo son accesibles mientras se ejecuta un programa usando la tradición que la variable ha comunicado.

En la figura anterior, por ejemplo, la variable myVar4 sólo es obvia para el programa, mientras que el código en el curso de acción de Activate(x) en la hoja de cálculo se inicia. Cuando la ejecución del programa empieza usando la ocasión Activate (x), la variable4 es dimensionada por memoria. La ejecución del programa procede a través de la estructura del evento hasta el momento en que logre terminar la línea de código.

Luego puede ser liberado y se cierra. Cada vez que el marco se ejecuta, la variable se inicia y se cierra. Con todo esto considerado, myVar4 tendría poder dentro del uso de la estrategia. A veces, las palabra clave static se usa con el objetivo de enseñarle a VBA a revisar la estimación concerniente a la variable entre los calls del marco.

La solicitud de una variable fuera de la metodología con una explicación Dim la afecta en algún segmento de una variable de nivel módulo. El nivel de la variable de nivel módulo depende de la palabra clave que se usa como un bit de la declaración. En la figura anterior, por ejemplo, las variables myVar, myVar1 y myVar3 son contabilizadas fuera de los procedimientos.

La zona que está fuera de lo mencionado se conoce como la parte de confirmaciones generales del módulo. Esta sería usada luego para las presentaciones. Estas variables son verbalizadas por las palabras clave Dim, Private y Public. Estas palabras clave son consideradas en la presentación de las variables dentro del distrito de enumeración general del módulo. Cada una de las variables es evidente en cualquiera de los procedimientos que están en el módulo. Mientras tanto, la variable myVar3 es obvia para un cliente en cualquier módulo de la tarea.

Las que se detallan dentro de la parte de confirmaciones generales del módulo con la palabra clave key son normalmente sugeridas universalmente. En la explicación tras detallar una variable con individuos si todas las demás falla, las palabras clave en el segmento de las presentaciones generales del módulo de solicitud deben ser referenciadas en módulos sustitutos de recado primero, al ver la contradicción del nombre del módulo.

En caso de referenciar repartir para la variable myVar3 en la figura anterior con respecto a cualquier módulo en esa tarea, uno debe usar un código que se parezca a:

Sheet1.myVar3 = 5

No hay razón para referenciar el módulo por nombre pues los elementos articulados con el ambiente de comunidad todo incluido para las presentaciones principales como parte del módulo. En resumen, las palabras clave Dim y Private tienen un límite prácticamente idéntico con respecto a las presentaciones de la variable cuando se usan como una parte de la sección de afirmaciones clave de los módulos como la palabra clave pauta. Pueden usarse como parte de una solicitud para articular las variables generales en el módulo estándar.

Tipos de Datos

Los tipos de datos representan el tipo de valores que pueden guardarse en la memoria que se asigna a una variable. Cuando se trata de las celdas de una hoja de cálculo, hay un par de tipos de datos cuya proporción ampliamente percibida se describe a continuación.

Cadenas de Caracteres

Las variables que tienen una cadena de caracteres se usan para guardar caracteres como contenido. Los caracteres pueden ser tipos excepcionales de imágenes, letras o datos numéricos. Cualquier cosa que se pueda escribir en la consola puede guardarse dentro de una variable sólida. Teniendo en cuenta que la meta final es proclamar la variable usando una cadena de caracteres, tendrás que usar la consola de cadena de caracteres.

Cuando usas la variable, tú, como cliente, tendrás que colocarle un incentivo a la cadena de caracteres entre comillas. Hay dos métodos de variables de cadenas de caracteres y estos aluden a la longitud variable y a la longitud fijada. En el siguiente caso se muestra la longitud de la cadena de caracteres considerando que myText puede guardar cualquier longitud de contenido.

```
Dim myText As String myText = "VBA is enjoyable"
Dim myString As String * 8 myString = "ABCDEFGHIJKL"
```

Para el caso anterior, la variable puede guardar hasta ocho caracteres. El cliente puede tratar de añadirle más caracteres a la variable, sin embargo, sólo pueden haber 8 caracteres dentro de la variable ya que es la longitud inicial. Los beneficios de myString luego progresarían hasta volverse las primeras ocho letras del alfabeto.

Las cadenas de caracteres de longitud fija tienen una tendencia a ser usadas como una característica del tipo de datos caracterizados por el cliente que se considera en esta parte. Muchas veces, no conocerás la longitud de la cadena de caracteres en la variable.

Modos de datos numéricos

Los modelos de datos numéricos incorporan enteros, doubles y singles. Una variable a la que se le asigna un entero o un modo de dato largo puede incorporar numerales enteros o cualidades no fragmentarias dentro de a extensión especificada. Si hay un requerimiento para una variable que pueda guardar fragmentarios o valores para floats, habría la necesidad de usar tipos de datos singles o doubles.

Es apropiado enfocarse en los valores del número que pueden guardarse dentro de la variable. En caso de que el valor resulte ser muy sustancial para el modo de datos, el programa podría fallar. Hay veces en que el código creará un percance pues la estimación de los datos está fuera de la ejecución permitida para el tipo de dato entero. Digamos que el valor es 6000

```
Dim myNum As Integer myNum=6000
```

Alterar la reacción de la variable a un modo de dato single corregirá el problema en este caso. Usando el código que ha sido resaltado anteriormente es una estrategia única para garantizar que un entero sea ocultado dentro de la variable que es sacada de una estimación respecto a números de coma flotante. Puedes ver que el valor ocultado se fija al entero más cercano.

Usando variables con tipos de datos numéricos puedes hacer evaluaciones científicas, puesto que regularmente usan los números que las variables tenían. Es posible sumar, incrementar o segmentar las variables. Puedes también elevar al cuadrado o al cubo las variables numéricas o elevarlas a cualquier potencia.

Los modos de datos son prácticamente equivalentes a la colección general en la organización de números de la celda de la hoja de cálculo de Excel. Las variables se anuncian como una variación con el uso de la palabra clave variation o mediante la no determinación del tipo de datos. Estas variables de tipo variation pueden guardar el modo de datos con la excepción de la de la longitud de calidad establecida. Los tipos de datos variation se desenvuelven en los confines del valor que especifica el uso de la variable, por ende, le ofrecen mayor adaptabilidad al programador.

Sin embargo, los modos de datos variation pueden ser peligrosos si se usan en exceso. Esto se debe a que pueden retrasar la ejecución del programa y los proyectos que tienen incontables tipos pueden ser difíciles de investigar.

Pueden no ser el dispositivo sugerido, pero una gran cantidad de programadores dice que los modos y el segmento de ayuda en línea está lleno de ejemplos que involucran variations.

```
Dim myVar As Integer myVar = 10
```

El uso de las variables permite usar una variable vaga para guardar varios modos de datos. La variable myVar guardaría el valor entero de 10 antes de volverse un valor de cadena de caracteres, "testing". Ya se pueden empezar a divisar los problemas que vienen con el uso de varios modos de datos. Tomemos por ejemplo un programa de gran alcance que tenga varias variables y procedimientos.

En la plataforma, dos variables guardan valores numéricos y tienen que configurarse dentro de una acción lógica antes de que el programa se complete. En caso de que una de las variables se reinicie por errores con una cadena de caracteres antes de la técnica lógica, habrá un error y el programa podría bloquearse o interferirá con el resultado del método.

La metodología de exploración del programa podría crear problemas que dependan del modo en que sea difícil ubicar la sentencia para la variable y los problemas extra relacionados con la variedad de cadena de caracteres. Sin importar el modo en que se pueda querer usar las variables de modo que los errores que bloquean el programa se balanceen, el uso de variables podría inducir errores sutiles. Los métodos de razonamiento de errores son una consecuencia retrasada de un tropiezo dentro del conteo de programación.

Pueden iniciar un bloqueo del programa dependiendo del error. Un intento de varias variables de los modos de datos y un entero podrían acabar la ejecución, cometiendo un error que sea fácil de encontrar hasta cierto punto.

El desarrollo, cuando debería haber sido una adición, es un tipo de razón que no bloquearía el programa. De cualquier manera, va a perturbar especialmente el resultado. Estos tipos de errores son bastante serios ya que puede que nunca encuentres uno o cometas uno y no te des cuenta de su existencia cuando ya ha pasado mucho tiempo.

Hay otro par de tipos de datos que serán explorados en el texto siguiente. El tipo de dato Booleano, por ejemplo, guarda la fuerza motivadora para ser verdadero o falso. Uno podría además asignarle 1 a verdadero y 0 a falso. Estas variables pueden usarse en estructuras del programa que fijan condiciones.

```
Dim rollDice As Boolean rollDice = False
```

Es posible sin embargo exhibir las variables del tipo fecha. Las variables están ancladas considerando que los números de coma flotante con el entero ilustran una fecha que empieza el 1 de Enero en 100 y el 31 de Diciembre en 10000. La parte decimal correspondería al marco de tiempo entre las 0:00:00 y las 23:59:59. El modo de datos es a menudo una comodidad cuando uno debe completar fechas u horas. Hay semblanzas de los alcances de VBA que usan las variables de tipo fecha que se añaden a esta adaptación.

Hay distintas ocasiones posibles. Las constantes permiten asignar una designación básica al dígito o a la cadena de caracteres que haría que el código no tuviese tanta necesidad de ser inspeccionado.

Esto puede no diferenciarse del uso mencionado en las condiciones de la hoja de cálculo. Hay un par de constantes numéricas para las cuales sería bueno usar el modo de datos predecibles. Una cadena de caracteres permanente puede usarse cuando se necesite usar un nombre particular para una hoja de cálculo.

La declaración y el inicio de la cadena de caracteres permanente están en la línea comparable del código. Teniendo todo esto en consideración, la estimación podría no dar indicios de cambio nunca. Es sabio sim embargo usar las necesidades cuando se requiera una fuerza motivadora comparativa para el término de la vida del programa. Los nombres decididos pueden promoverse.

Rendimiento y Entradas con VBA

La parte clave de este libro concierne a cómo la obligación del cliente usa las propiedades de VBA. Claramente uno podría tener la capacidad de crear beneficios para el cliente en la hoja de cálculo. Podrían haber momentos en que se requiera algo dinámico en lugar de una hoja de cálculo.

Los medios más directos para recibir trabajo del cliente y enviarlo son la caja de datos y el MsgBox. De manera similar, Excel corre con algunas fechas límites relativas al cliente para usar en las fórmulas de la hoja de cálculo, VBA tiene puntos de quiebre particulares respecto a la autoridad.

Los límites de programación de VBA, por regla, requieren que muchos valores les sean pasados y luego volverán al mínimo de variables del programa.

En el presente hay una necesidad de alentar al cliente para que ingrese datos y debe haber un impulso a la respuesta antes de que la ejecución del programa proceda. Para entonces, el punto más remoto de la caja de datos sería el mejor instrumento a usar.

La caja de datos envía un cuadro de diálogo a la pantalla que debe verse antes de que la ejecución del programa continúe. La función de la caja de datos reestablece los datos que fueron ingresados por el cliente como una cadena de caracteres en caso de que se pulse Ok o se presione la tecla intro. Ahora, si el usuario presiona la opción no, entonces no se creará ninguna cadena de caracteres. Se requiere ajustar el dialecto.

La ejecución sería el parámetro estándar requerido que debe pasarse, más allá de lo que muchos consideren posible. Usualmente, el título inicial y por defecto son usados. Se debe activar el área de estimación para una variable de tipo cadena de caracteres. El tipo y el título deben ser cadenas de caracteres y esa es la razón por la que van entre comillas dobles.

Claramente uno puede usar las variables apropiadas para circunstancias particulares. El título ilustra la configuración de la caja. La configuración por defecto se ilustra en la plataforma de texto del diálogo. Usar algo de asistencia con el parámetro por defecto aumentará las probabilidades de lograr los mejores datos.

Beneficios con el MsgBox

El MsgBox te da un mensaje en forma de un cajón de mensajería. El programa elige la zona del espacio usando un InStr. A este se le pasan tres configuraciones, la primera como la variable de identidad de usuario y una variable de cadena de caracteres con un espacio. El parámetro considera el espacio para buscar dentro de la cadena de caracteres cuando se ejecuta con el parámetro, que en este caso es el nombre del lciente.

La última cadena de caracteres sería un espacio y eso significaría que el punto de ruptura está buscando dentro de la estimación de la identidad del usuario. InStr() regresa como una función que muestra la región del espacio que está dentro de la cadena de caracteres del nombre del usuario. Este tipo de entero sería la zona de convergencia entre la primera y la última pieza del cliente y sería anclado a la variable entera spaceLoc.

Luego estarían los dos parámetros. Estos pueden incluir la cadena de caracteres y la longitud con los objetivos específicos para retornar. La variable spaceLoc guarda la parte del espacio para la circunstancia, así que el uso de spaceLoc para el parámetro longitud permitiría restaurar el nombre básico, que es Fred en este caso.

Mas allá de lo que muchos consideran posible, puede usarse para restaurar la longitud de la cadena de caracteres fundamental como el entero y en este respecto es asegurado en la variable STRLLength. Las estimaciones de la cadena de caracteres firstname y la calidad se duplicarían en la hoja de trabajo.

Una medida considerable puede usarse para restaurar la identidad del cliente a la variable lastName. Luego toma tres parámetros y esta es la cadena de caracteres clave username que apra este caso sería "Fred Flinstone", la zona de inicio de la nueva cadena de caracteres y la longitud para volver. Mientras tanto, las variables que guardan el apellido y la medida de las propiedades en la última pieza del nombre se replicarían en la hoja de trabajo.

Una medida considerable podría usarse para restaurar la última identidad del usuario a la variable de la cadena de caracteres lastName. En este momento, se requerirían tres par´metros y estos son key, string y username.

Para este caso sería Fred Flinstone, la zona de inicio de la nueva cadena de caracteres y la longitud de la cadena de caracteres a regresar. Mientras tanto las variables que guardan el apellido y la medida de las propiedades en la última parte del nombre se replicarían en la hoja de trabajo.

Capítulo 4

Bucles y Grupos

El programa de redirección es una especie de marca en la programación con la aplicación. Necesita datos numéricos fundamentales y puede ser adecuado para los principiantes y para los expertos. Recordando el objetivo final, que es jugar el juego, uno responde la mayor medida de aplicación dentro de una cantidad de tiempo específica. Para cumplir la solicitud, hay revisiones y valores subsecuentes. Una imagen de la diversidad matemática que hay en una hoja de cálculo se muestra a continuación.

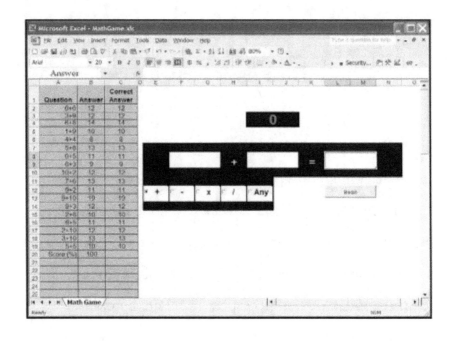

Fuente: http://nomish.yolasite.com/resources/EXCEL%20VBA%20programing.pdf

Hacer un bucle es lo que se conoce como la iteración para un bloque de código en una cantidad particular de ciclos. Las circunstancias para que esto se realice pueden ser distintas. Cada lenguaje de programación tiene formas de bucles, puesto que solucionan problemas que requerirían de un código bastante tedioso. Tomemos por ejemplo un programa que tiene la capacidad de escanear una identidad particular en una sección incluyendo varios pasajes.

Los proyectos que tienen muchas articulaciones que se basan en if/then prueban la estimación de cada celda para que el nombre requerido explique el problema. El programa puede ser cualquier cosa menos difícil de encuestar; sin embargo, puede ser tedioso escribir el código. Esa es la tarea de las estructuras de los bucles.

Los bucles do están para ejecutar un bloque de código dado de manera monótona como se indica el valor del conjunto restrictivo. Todo lo que necesitan son palabras clave asignadas como "do" y "loop".

Las palabras clave se usan con el fin de considerar descripciones clave del bucle do. Las dos representaciones subyacentes usan la palabra clave "until", con una declaración inesperada que dicta cuándo y cómo se ejecuta el código dentro del bucle.

Por virtud de la declaración prohibitiva hacia la integridad del bucle, el código dentro del bucle en ese punto se ejecuta a un cierto ritmo. Cuando la restricción está al inicio del bucle, el código dentro del bucle no se ejecutará siempre que los fundamentos respecto a la enunciación inesperada lo permitan.

Debido al uso de la palabra clave "until", el código dentro del bucle se ejecuta si la verbalización prohibitiva no es sustancial.

Otras representaciones de la estructura usan la palabra clave "while" con la configuración inesperada, escogiendo si el bucle se ejecuta y de qué modo lo hace. Justo cuando se usa el eslogan, el código dentro del bucle se ejecuta si la explicación inesperada es sustancial.

Al momento de elegir qué representación del bucle do usar, es importante preguntarse si uno necesita que el código que está dentro del bucle se ejecute al menos una vez. Si la respuesta es sí, puedes poner una restricción al final. La elección de "until" o "while" depende de la restricción.

Es conveniente no crear bucles para no alargar el camino. También se los conoce como bucles infinitos. Cuando creas un bucle do, lo creas con una restricción que cambiará el motivo en un algún punto en mitad de la ejecución del código que está dentro. Es mejor terminar un bucle ilimitado que se pueda haber ideado. En el siguiente caso, vamos al evento significativo de la cadena de caracteres "Flinstone" dentro de la sección de la porción, se muestra un mensaje en la pantalla y luego salimos del procedimiento.

El bucle puede fallar. Si la cadena de caracteres no está dónde debería, el bucle se vuelve infinito, puesto que la declaración para la compleción del bucle no es sustancial.

Otra cosa es no prestar mucha atención a si la cadena de caracteres no está en el fragmento esencial de la hoja de trabajo, por lo que el cuadro de mensajes no estará allí puesto que la declaración imprevista para la compleción del bucle será legitima antes que la explicación prohibitiva que se asocia con la estructura para "if and after that".

La mayoría del tiempo se pueden crear bucles con verbalizaciones lúcidas que funcionen teniendo en cuenta que usar alguna de ellas es una experiencia peculiar. Al cambiar el administrador de control, se cambiaría la base de la explicación inesperada puesto que la palabra clave "until" debe usarse teniendo en cuenta la que la meta final es sacar resultados comparativos del bucle.

En ambos casos, los bucles apuntan al mimo lugar con respecto a la cadena de caracteres "Flinstone". En el momento en que se ha recibido una señal para la cadena de caracteres, un cajón de mensajes arrojaría una declaración que tiene el resumen del lugar de la hoja de trabajo en que se ha encontrado la cadena de caracteres.

Ambos bucles pueden ser incesantes considerando que Excel va a incluir la creación de líneas para la compleción de la hoja de cálculo mientras la medida de datos sigue aumentando.

Cuando piensas en la cantidad de ciclos necesarios para la configuración, "for/next" se vuelve la mejor alternativa. La estructura etimológica para esta circunstancia es bastante directa.

For variable = begin To end Step esteem 'Square of code Next variable

Las palabras clave requeridas para esta condición son "for, to, y next". Precisar un objetivo definitivo que sea acorde con las medidas de énfasis en el bucle necesita de una variable inclusiva y de valores iniciales y finales. La palabra clave "step" es opcional en cualquier caso que se use, para entonces en cuales colas se usa para inferir la evaluación del movimiento de la variable con cada uno de los énfasis a través del bucle.

Las técnicas pueden ser negativas o positivas. La configuración típica se da cuando la palabra clave "step" se ignora. El bucle que se configura como "For/Next" corre mientras uno necesite que la variable flotante aumente por uno con cada realce hasta el punto, la estimación del entero va en el punto más lejano.

Cada uno de los énfasis que están en el bucle for/next que extiende parte del resultado que comenzó a partir de ahora y es persuasivo al transmitir el factorial considerado que ha sido asegurado dentro de la variable myValue. En caso de que myValue valga 5, el factorial podría representarse como 1 por 2 por 3 por 4 por 5. Eventualmente, el mejor caso para pasar por las aplicaciones de la hoja de cálculo es el mismo para pasar por las celdas de la misma.

Aprobación de datos

Confiar en que el cliente colocará los datos requeridos por el programa es un error. Se recomienda que brindes retazos de datos al cliente mostrando los tipos de datos y lo que el programa necesita. En cualquier caso, es fundamental colocar el código dentro de la plataforma para lo que el usuario establezca en contra del plan.

La metodología que incluye la revisión de la entrada del cliente se requiere puesto que el cliente y el arreglo de estos datos no puede asegurarse. Los casos que se analizan con detenimiento deberían unirse al cajón de datos, las celdas de la hoja de cálculo, y al cajón de control.

Eso sería un compromiso aunque el tema de dónde debe introducirse el código y dónde debería correrse es una diferencia en la asignación.

Aprobación con la box work

Es necesario tener en cuenta dónde debe ir el código de suscripción y dónde debe ejecutarse cuando se utiliza el cuadro de datos. Es resultado de la necesidad de soporte cuando el cliente ingresa datos. El mejor modo de hacer esto sería poner el cuadro de datos dentro de un bucle do. El trabajo de la casilla de entrada se coloca dentro de un bucle do donde la llegada se realiza a través del protocolo de punto más lejano que es validateName.

El marco es real si el nombre cumple con el diseño, de lo contrario, regresará que el valor es falso. El bucle se reiniciaría si el protocolo para validateName es falso o si el cliente hace clic en la opción de soltar, y un tiempo más tarde ofrece un sólido vacío para el cuadro de datos. El punto más lejano en relación con validatename percibe la cadena que ingresa el usuario como datos y pruebas dentro de la cadena.

Cualquiera de los espacios clave en la cadena de caracteres establecida por el usuario se agotarían utilizando trim () work. La longitud de la cadena posterior se anclaría en el uso de calidad en el siguiente bucle "for/next". Este bucle prueba el carácter a la izquierda.

En caso de que el carácter sea un espacio, la variable que protege la medida de los espacios dentro de la cadena de caracteres se extiende por una unidad. En general, este bucle se reitera a través de los atributos dentro de la cadena de caracteres y luego se corresponde con la medida de los espacios que se encuentran en esa cadena de caracteres específica.

En caso de que haya un exceso de uno que se encuentre en la cadena de caracteres ingresada por el cliente, el punto de confinamiento resultaría falso.

Curiosamente, el protocolo de nombre de soporte no prueba la gran mayoría de los posibles descuidos que los clientes realizan cuando ingresan sus nombres, muestra el camino hacia la utilización de la suscripción de entrada con el punto de restricción.

Esta es una prueba de los posibles errores cometidos por el cliente y agrega más código al protocolo de trabajo Assert Name.

Validación por medio de la celda de la hoja de cálculo

Entre las variantes más populares de Excel, la aprobación de la sustancia de la hoja de cálculo significó que el trabajo escrito generaba enormes cantidades de código con un objetivo final específico para garantizar que los datos tuvieran el mejor tipo y formato posibles. Teniendo en cuenta las formas más recientes de Excel, esta no es la situación actual. La aprobación de los datos se refiere a una parte como una aplicación que implica que uno no tiene que componer ningún código.

Un cuadro de diálogo de aprobación de datos se utiliza como parte de las hojas de cálculo para impulsar la aprobación de los datos introducidos por el usuario. En el caso de que el proyecto haga nuevas hojas de trabajo que requieran aprobación, puede usar el instrumento de macro.

Normalmente, no se habla de las exhibits hasta el final de los primeros libros de programación, sin embargo, como uno ya está familiarizado con las aplicaciones de la hoja de cálculo, la posibilidad de un cluster no debería ser difícil de considerar. El cluster alude a una variable que puede contener algunas cualidades mientras tanto.

Una oportunidad para utilizar un exhibit se da cuando una disposición de cualidades relacionada debe ser guardada dentro de una variable específica.. Los clusters son útiles teniendo en cuenta que reorganizan el código.

Un segmento que tiene datos es como un clúster, ya que es una recopilación de cualidades relacionadas. Cada celda que se encuentra en una sección de la hoja de cálculo con la disposición de cualidades relacionadas será referenciada por una línea y un archivo de segmento. Las cualidades que se encuentran en la exposición se mencionan además con la utilización de listas.

Por lo general, las hojas de cálculo se ordenan de forma ordinaria a través de la colocación de datos dentro de los segmentos en lugar de las líneas; sin embargo, el argumento es comparativo si uno compara una línea o un segmento con un cluster.

Antes del comienzo de la instancia más pequeña y problemática del grupo, uno debe considerar un método Sub que use el fragmento de la hoja de trabajo comparativamente en el que ingeniero use la pantalla en la aplicación, que no funciona con la hoja de cálculo.

Un bucle for/next que está coordinado dentro de un bucle do incide sobre una sección de 10 valores hasta el punto en que los datos se han ordenado desde el punto más reducido hasta el aspecto más elevado. El bucle for / next luego empuja el significativo poder de persuasión desde el lugar en el que se había establecido en la última posición como un curso de acción confuso.

El bucle for/next comienza con el propósito de la reducir datos y, a continuación, considera dos de los atributos dinámicos. En caso de que la consideración básica sea más notable que la segunda, la situación de las dos cualidades se puede intercambiar con la ayuda de la variable conocida como tempVar.

La lista de líneas para la propiedad de las celdas utiliza 1 + 1. Eso significaría que la variable de bucle para el bucle for / next funciona de 2 a 11, lo que significa que la técnica clasifica hasta 10 valores.

Ante la posibilidad de que surja un evento de un intercambio de dos cualidades, entonces la variable booleana nombrada como otro punto culminante se establece como sustancial para garantizar que el bucle do externo continúe con un ciclo más.

Cada uno de los énfasis a través del bucle do va para acompañar la mayor fuerza motivadora dentro de la pieza colocada hacia abajo hasta la posición actual. En ese límite, toma más de n intentos para organizar los datos.

Aquí n es el número de valores que están dentro del conjunto. Esto puede hacer que el proceso bubblesort () no sea poderoso, sin embargo, es excepcionalmente extraordinario cuando se usa como un plan sutil para datos.

Exhibit unidimensional

Los exhibits aluden a una variable que se usa para guardar valores relacionados, ya que debe proclamarse como una variable. El exhibit se declara con un nombre único junto con el número del componente que se va a guardar en el cluster.

Del mismo modo se podría proclamar en los cluster con el uso de palabras clave privadas o públicas para caracterizar el grado tal como se haría con la pronunciación de variables ordinarias. Si un tipo de dato no fuese determinado de manera similar a una variable, el exhibit sería el tipo de variación. Los exhibit pueden declararse como cualquiera de los tipos de datos accesibles que se encuentran en VBA.

La mayoría de los exhibit de componentes que tienen tipos de datos numéricos podrían introducirse con una estimación de 0. Los componentes para los exhibit de cadena de caracteres se introducen con la utilización de una cadena de caracteres vacía. En medio del detalle de la cantidad de componentes, una cosa a considerar es el límite inferior del clúster.

Es posible introducir un componente solitario dentro del exhibit de manera similar a cómo se haría con una variable. Sin embargo, es necesario incorporar la lista del componente que se desea cambiar. Por otra parte, los exhibit se introducen normalmente dentro de un bucle.

Después de las afirmaciones de la variable, los valores en el segmento A de la hoja de cálculo se apilan en el clúster con un bucle básico for/next. El bucle establecido en el bucle-do es una forma similar a la que se encontraba en el proceso 'bubblesort', en cualquier caso, la propiedad de la celda ha sido suplantada con el cluster que se conoce como myArray.

La variable de bucle que está allí para el siguiente bucle en ese punto se ejecuta desde un estado de cero a nueve, considerando que el encabezado inferior para el grupo es 0 y no 1. En el momento, la estimación principal es más notable que el segundo, los valores intercambiar. Los valores dispuestos se componen entonces para el segundo segmento.

Clusters Dinámicos

Los subprotocolos 'bubblesort' y 'transpose' utilizan protocolos que tienen una longitud establecida. No es útil para los valores que están dentro de las matrices de longitud establecida que se cambian cuando el programa se está ejecutando. Esto es adecuado ya que la longitud requerida para el programa se ha desarrollado antes de ejecutar el programa.

Por otro lado, la utilización de las pantallas dinámicas solo les da a los ingenieros los medios para hacer un programa más adecuado. La pregunta es si el proceso bubblesort2 es más útil en el caso de que organice datos con cualquier número de valores en lugar de diez valores.

El nombre de la pregunta puede acercarse más a la estrategia de transposición y sería más importante si funcionara con cualquier medida de datos en lugar de un conjunto con 3 áreas y 10 líneas. Si no fuera posible confinar los sub-protocolos bubbleort2 y transpose a un tamaño estable de conjuntos, el uso de clusters dinámicos no sería adecuado.

La extensión del clúster se puede cambiar según sea necesario mientras el programa continúa. En la afirmación de una exhibit dinámica, se puede utilizar un recinto vacío en lugar de un incentivo para los límites. Siguiendo la garantía de la longitud requerida de la muestra, se redimensionará por medio del uso de la palabra clave ReDim

Para esta situación, ReDim también puede usarse como una proclamación explicativa que tiene elementos de prueba, sin embargo, podrían ocurrir ciertos errores si hay variables con nombres similares, aunque sean de una extensión alternativa.

Por lo tanto, es mejor no utilizar reDim como la proclamación explicativa. Sin embargo, se puede usar con el objetivo final de volver a medir una parte de los clusters previamente mencionados. La articulación reDim restablecerá cada uno de los componentes que se encuentran dentro de la exhibit. Si se desean guardar valores actuales, se haría a través de la palabra clave conocida como "protect".

Cuando el nuevo tamaño de la exhibit es más pequeño en contraste con el primer tamaño, los valores de los componentes al final del cluster se perderían. Por lo general, el clúster se redimensiona usando la palabra clave protect exclusivamente cuando el nuevo tamaño es más grande al compararse con la estimación anterior.

Al momento de cambiar el tamaño del cluster con la palabra clave save, es posible modificar la medida de la dimensión pasada. No es posible ajustar la cantidad de dimensiones y puede que sólo tenga la capacidad de cambiar los valores más grandes del límite. Luego de la revelación de las exhibiciones dinámicas, el cluster se debe medir.

Un bucle do podría usarse para hacer un ciclo dentro de las celdas en el segmento hasta que se encuentre una celda vacante. Por medio del monitoreo del número de ciclos con la variable 1, se encuentra la cantidad de valores en el segmento , por lo que se encuentra la medición requerida de la exhibit.

Luego el cluster pasa a la re-dimensión por la variable adecuada y la proclamación Redim. Ese no es el enfoque ideal para recibir la cantidad de valores que el cliente ha introducido en la sección principal, considerando que la probabilidad de errores es a todas cuentas alta. Por ejemplo, los textos que se introducen se configurarán como valores numéricos en dónde Val work es cero.

La estrategia también arruina el grado y el tipo de datos que pueden incluirse en la sección principal de la hoja de trabajo. Lo que queda del procedimiento para la bolsa de aire dinámica es comparable cuando se contrasta con el 'bubblesort2' mencionado anteriormente, aparte de que para esta situación los mayores alcances de las variables del bucle se establecen teniendo en cuenta el objetivo final en valores similares cuando se contrasta con la extensión del cluster.

El sub-protocolo de transposición dinámica se renueva con la utilización de una exhibit dinámica que se redimensiona con dos de las dimensiones.

Una de las dimensiones sería para el número de líneas en la red de valores a transponer y la otra sería para el número de segmentos. Una vez más, do se usa para decidir el número de líneas y secciones que contienen los valores en la hoja de trabajo. La palabra clave trans-cluster se redimensiona en un número similar de líneas y secciones.

Matrices Multidimensionales

Los clusters de dos dimensiones son similares a los distintos segmentos que hay en la hoja de cálculo. Los clusters tridimensionales no se diferencian de la utilización de varias hojas de cálculo y de la mayor cantidad de dimensiones cuando se comparan con tres que son difíciles de gurdar. Uno puede crear presentaciones multi-dimensionales en VBA usando 60 dimensiones.

En caso de que aceptes guardar espacios multidimensionales con más de tres dimensiones, es razonable quedarse con las más pesadas. Esta idea influencia un entero de dos modos en un grupo que tiene 11 líneas y 3 áreas. Acá, la manera de los grupos unidimensionales también se incluye dentro de los bucles puesto que uno tendría que usar los bucles establecidos para llegar a los registros en una presentación.

El sub-protocolo transpone las estimaciones de las celdas dentro de la hoja de cálculo. Acumula el compromiso de las diez líneas y segmentos subyacentes en la hoja de trabajo, luego transpone las estimaciones de las tres líneas subyacentes y las diez partes que se encuentran en una hoja de trabajo comparativa.

Capítulo 5

Objetos de Excel

VBA es la excepción de todo lo demás en programación. VBA no califica como un lenguaje orientado a objetos. Hay dos o tres puntos de interés que hacen que VBA se considere orientado a objetos. Como sea, tiene algunas cualidades comparables a tales lenguajes.

Estos dialectos se asemejan a los objetos y a una parte de los gadgets que se usan como parte del control de estos objetos. Estos se conocen como eventos, sistemas y propiedades.

Objetos de Colección

En este aspecto, los objetos se implican normalmente en la búsqueda de objetos que tendrían lugar en la colecta. La estructura de sentencia que se requiere en medio de la dirección de objetos en VBA es el object.method o el object.property.

Objeto de Hoja de Trabajo

Este es solicitado en el reto del libro de trabajo en la cadena crítica de Excel. El código se añade a la estrategia de evento de afirmación para la hoja 1 dentro del libro de trabajo Center. Xls.

El protocolo de confirmación de ocasión se aprueba en el momento en que el cliente usa la opción presente en el libro de trabajo. Luego, el debate objetivo se transfiere al marco como un rango que ilustra las celdas que son escogidas por el cliente.

Se crea un variable de cadena de caracteres y se le asigna un valor específico que se relaciona al nombre del libro de trabajo dentro de la propiedad de nombre de la hoja de cálculo en cuestión. El

De este modo, el curso se encuentra con la consulta del libro de trabajo.

Este es el motivo tras los números del registro que pueden usarse en la hoja de cálculo para consulta sin contemplar la restauración de la hoja equivocada. Luego de mostrar la cadena de caracteres dentro del cajón de mensajes, el enfoque de confirmación para la pregunta de la hoja de cálculo puede usarse como como parte de la elección de la segunda hoja de trabajo en la disidencia de agregación.

Para entonces, un código puede añadirse al protocolo de ocasión worksheet_activate para la Hoja 2. Ese enfoque tendría la capacidad de ser iniciado al momento de que la hoja de cálculo sea considerada por el cliente o por medio de la confirmación de la hoja de cálculo con el uso del código de programación. El código surge de la configuración anterior.

Objeto de Rango

Actualmente, el rango es solo una instancia de una cuestión de acumulación de VBA que no utiliza el tipo fundamental de la presente investigación para su nombre. Es un disenso que se acumula, ya que tiende a las celdas que se encuentran en la hoja de trabajo, prestando poca atención a si el evento social es solo para una celda. En esa celda, un largo curso de disidencia no está entre los casos descritos. Eso ejecutará el código mientras la hoja de trabajo opera.

La línea básica instalaría la Columna A en la celda A1 al establecer la propiedad correspondiente. La propiedad de rango se usó para restaurar la cuestión de rango que muestra una celda solitaria A1. Poco a poco, la propiedad de estima se hace presente allí para diferentes objetos.

La otra línea de código utiliza el enfoque que se conoce como procedimiento de autoajuste para el cambio de la cuestión del rango en lo que respecta al ancho de las celdas de A a G, donde la sustancia de la línea principal encaja en las celdas relacionadas sin cobertura que va hacia las adyacencias que son comparables al grupo de selección de clientes, por área y decisión de ajuste automático desde el menú de la aplicación en Excel.

Las entradas en líneas sustitutas que son más largas cuando aparecen de manera diferente en relación con los segmentos en el empuje más importante van a continuar hasta la siguiente porción.

Por lo tanto, recordando el objetivo final de cambiar el ancho de las áreas para que la sustancia de los teléfonos en las secciones pueda caber dentro de los puntos de corte, es apropiado utilizar el rango llamado A: G en lugar de A1: G1. El tercer y último caso hablará de la configuración de la propiedad sólida de la cuestión de estilo textual sustancial para los rangos especificados en la hoja de trabajo dinámica. A uno se le permite regresar alrededor de dos de los grados que sugieren que una expansión de un tercer rango a las contenciones que están en las secciones traerá un tipo de error en tiempo de ejecución.

Estos casos proporcionan un resumen de algunas estrategias y propiedades de formato que se utilizan dentro del Objeto de rango. En el caso de que uno sea un usuario consistente con respecto a Excel, entonces está claro que hay varias propiedades diferentes e implica que se identifica con el formato de las celdas de la hoja de cálculo.

Es posible consultar el programa objeto o la ayuda en línea en relación con más casos sobre la utilización de opciones de formato de intereses. A pesar del hecho de que cuando resulta que están claras las opciones de formato que se deberían haber incorporado en el VBA, grabe una macro.

Es el enfoque ideal para pensar en el código que se requiere sin la necesidad de escanear la documentación en busca de representaciones de los objetos que se requieren.

Trabajando con objetos

Hay casos únicos que se han considerado para establecer sus propiedades y fusionar enfoques y eventos. En cualquier caso, hay dos o tres conjuntos mecánicos más, lo que puede ser significativo especialmente cuando se trabaja con objetos.

La estructura del código with / end, por ejemplo, no es necesaria y funciona al precisar el objetivo genuino de simplificar el código y el modo de datos de consulta que permite la referencia de objetos existentes o la creación de otros objetos nuevos.

El tipo de datos no es tan claro para su uso como los modos de datos numéricos y de cadenas de caracteres que están abiertos en este momento, es fundamental como una reunión mecánica para hacer programas de VBA imperativos.

La estructura with/end que se considera no es especialmente necesaria, en todo caso, su uso está prescrito, ya que hace que los proyectos sean inteligibles. También habrá ocasiones de with/end estructura en las macros grabadas.

Cuando se ejecuta el código se elegirá el grado de, por ejemplo, A1: D1 en la hoja dinámica con el uso de la función select () para la diferencia de rango. Esto se aplica a varios objetos, por ejemplo, el gráfico y los objetos de la hoja de trabajo.

La utilización de esta estrategia con la pregunta de rango hará que el rango se incorpore a la hoja de trabajo de una manera ambigua si el cliente ha utilizado el mouse para precisar el objetivo real para considerar la elección. Después de elevar el enfoque de select (), la estructura with / end se vuelve innegable. Esta declaración necesita un calificador de disidencia para tomar después.

Aquí, la propiedad de confirmación de la ventana se puede utilizar para la restauración de la cuestión de rango desde donde la propiedad de estilo de texto restaura el estilo de texto del rango seleccionado.

Esta declaración puede haber sido supervisada razonablemente sin los medios de selección y la propiedad de afirmación, e ingresada con la utilización de la propiedad de rango precisando el verdadero objetivo para regresar de la cuestión de rango que se requiere.

En función de la estructura de la propiedad, cualquiera de los objetos se puede configurar sin la necesidad de calificar el desacuerdo que hay en cada línea de código. Los objetos subordinados y sus propiedades pueden obtenerse acordemente.

Cada una de las líneas que están en la estructura requieren que el administrador y esto se debe a la propiedad o al nombre del desafío luego del esfuerzo. Después de que las propiedades codiciadas hayan mejorado la situación de la consulta dada, la estructura se cierra con Finalizar.

Un segundo with/end con estructura se puede utilizar para la configuración de la vertical e incluso como plan de la ejecución elegida.

Haciendo un bucle en un rango

Se ha encontrado que los objetos parten de otros. Una cuestión del libro puede unir diferentes objetos de la hoja de cálculo que tienen numerosos objetos de rango. Podría requerirse recoger objetos solitarios logrados con otros. Para una situación, digamos, puede ser compatible acceder a cada uno de los objetos de la hoja de trabajo individuales en la colecta para establecer ciertas propiedades.

En caso de que el objetivo sea hacer un bucle, entonces sería apropiado de todos modos. No sería posible utilizar ninguna de las estructuras de bucle que se han discutido anteriormente. Deberías usar una de las estructuras de bucle que están particularmente planeadas para volver a romper las acumulaciones. El bucle para esta circunstancia es el bucle for/each .

Hay dos referencias de consulta que se requieren para el bucle for/each . Una es requerida para los objetos individuales y la otra es requerida para la ocasión social de los objetos. A fin de cuentas, la variable de disidencia conocida como myRange es representativa de una colección de celdas, mientras que la variable de consulta que es myCell es una representante de cada celda que está en myRange. La referencia a la variable de consulta para myRange debe establecerse antes de que se pueda utilizar para los motivos que impulsan cada ciclo. El bucle comienza con las frases clave que se refieren a cada una de las variables que se encuentran detrás de la variable, que es abordar las partes individuales en la reunión.

La palabra clave In sería seguida por el nombre del evento social. En ese punto de confinamiento, no es fundamental para uno establecer la referencia a la variable myCell considerando que VBA maneja esto regularmente en el bucle For Each. Dentro del bucle, los procedimientos y técnicas para las secciones pueden ser atendidos. La propiedad colorIndex para entonces puede cambiarse con la utilización de un número hecho subjetivamente que se encuentra en la región de 1 a 56. VBA repite esto a través de cada una de las celdas que están en la matriz según las líneas, según se indica en cada sección.

En la ilustración, la solicitud se incluiría en la solicitud adjunta, que es A1, B1, A2, B2, A3, B3, etc. En el momento en que cada componente que está en la colección se haya completado y la mayor parte de las declaraciones en ese punto se hayan ejecutado, entonces la ejecución del programa continuará hacia el final del bucle de la manera habitual.

Uso de la propiedad de la celda

La propiedad de las celdas puede llevar el objeto de rango con todas o una línea para las celdas dentro de la hoja de trabajo dinámica. Al recuperar los teléfonos que están en la

hoja de cálculo, es posible utilizar la propiedad de los
teléfonos con los objetos de la hoja de cálculo pensando que
podría ser repetitivo, por lo que podría confundirse con el
uso del objeto de rango.

En la llegada de una celda solitaria desde el objeto de la hoja
de trabajo, debe haber una determinación del archivo. Esta
lista puede ser un valor solitario que comience con la mayoría
de las celdas superiores que se encuentran en los resultados
de la hoja de trabajo o el registro puede tener una referencia a
la lista para la línea y el segmento.

Es posible utilizar la propiedad de las celdas para regresar
como una sola celda. Cuando se selecciona una sola celda, la
propiedad necesita una serie de argumentos. El primer
argumento es indicativo de la fila y el segundo es el número
de columna. Los argumentos se pueden introducir entre
paréntesis. En caso de omisión de argumentos, Excel
selecciona todas las celdas dentro de la hoja de cálculo activa.

To render this into VBA:	Enter this in the Immediate window:
Select a singe cell (e.g., A5).	Cells(5, 1).Select
Select a range of cells (e.g., A6:A10).	Range(Cells(6, 1), Cells(10, 1)).Select
Select all cells in a worksheet.	Cells.Select

Sacado de:

La propiedad de las primeras celdas devuelve A6, mientras
que la segunda puede devolver A10. Las celdas que han sido
devueltas por las celdas se utilizan como referencia en
relación con el objeto de rango. En este caso, Excel
seleccionará el rango en el punto donde se especificará la
celda superior de acuerdo con el resultado de la propiedad
para la segunda celda.

Una hoja de cálculo es una colección de celdas. Como tal,
también es posible usar la propiedad de las celdas con un
argumento que muestre la posición de la celda dentro de la
colección de las celdas de la hoja de cálculo. En la fila de la
hoja de cálculo, la celda 16384 calificaría como la última celda
dentro de la fila de la hoja de cálculo. Después de todo, hay
alrededor de 16384 columnas en la hoja de trabajo de
iteración de 2007. La versión anterior solo permitía
aproximadamente 256 columnas en la hoja de trabajo. Ahora,

la palabra Item se puede interpretar como una propiedad que devuelve un solo miembro de la colección.

Teniendo en cuenta que es un miembro predeterminado para una colección, hay un margen para referirse a una celda de la hoja de cálculo sin utilizar explícitamente la propiedad del elemento. Ahora bien, tú como usuario, tienes dos formas de seleccionar celdas, las cuales son "Propiedades de rango y celdas", puede haber una dudas sobre la razón para utilizar la propiedad de Celdas, la cual es más complicada.

Es evidente que la propiedad Range es legible. Las referencias de rango en las fórmulas de Excel fueron mucho más probables que antes de VBA. El uso de la propiedad Celdas es más conveniente, especialmente cuando se trabaja con las celdas como una colección.

Propiedad Offset

La otra manera flexible de referirse a una celda de la hoja de trabajo sería el offset. Durante gran parte del tiempo de la automatización de los objetivos en la hoja de trabajo, puede que no sea evidente donde se encuentran celdas particulares. La pregunta es cómo seleccionar una celda cuya dirección no se conozca. La respuesta es que la aplicación seleccione una celda de acuerdo a la matriz existente.

La propiedad Offset calcula un nuevo rango a través del desplazamiento de la selección inicial a través de un número particular de filas. También es posible desplazar la selección a la derecha o la izquierda en un número particular de columnas. Para el cálculo de la posición del nuevo rango, la propiedad Offset utiliza dos argumentos.

The reference is the point at which the user would have to base it. Reference, here is a mention of a cell or range of the cells adjacent and if not, then the offset is going to reveal a #VALUE! Error, which everyone who has worked with Excel has come across. Rows detail the number of rows going up or down that one would want the active cell to claim. Using 2 as the argument for rows places specificity the active cell is two rows beneath the particular reference. The rows may also be positive and this is indicative below the beginning reference of negative, which is above the beginning reference.

Cols, in this case, would also refer to the number of the columns. Utilizing 3 as the argument for columns places a specificity as well; the selected cell is three columns to the right. They can be positive which is indicative that it is right of the reference and left would mean to the left of the reference. Height is height and it has to be positive which is up downwards. If the rows and the columns offset reference over the worksheet edge, then the offset brings a #REF! error.

Eliminación básica de bugs de entrada y salida documentos

La posibilidad de leer y componer datos en el eje de transmisión de una PC es básica para varios lenguajes de programación. Habrá varios errores se experimentarán y puede ser difícil depurarlos.

Por suerte, VBA tiene varios proyectos que ayudan a la depuración del programa. Cuando el programa llega a un error de tiempo de ejecución, aparece un cuadro de diálogo que se muestra a continuación:

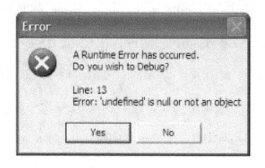

La elección de la depuración apilará el IDE de VBA y
después de eso, muestra el programa en lo que se conoce
como el modo de interrupción. Cuando se encuentra en esta
configuración, la ejecución del programa se aplaza y luego
pasa una línea en un momento dado con el objetivo de ver
los componentes como la solicitud de ejecución del código y
las cualidades que se guardan en las variables.

Cuando ingresa el modo de interrupción a propósito, el
cliente puede incrustar un punto de interrupción en la región
del programa que se requiera con el uso de un elemento del
menú de investigación o de examinar la barra de herramientas
en el IDE de VBA. De la misma manera, es *posible* pasar el
punto de interrupción haciendo clic en la esquina izquierda

de la ventana de código que está junto a la línea de código donde el cliente debe conceder la ejecución del programa.

Esto también se puede hacer presionando F9. Es prudente la expansión de los centros de interrupción en las partes del código donde se sabe que hay fallas y, luego, se podría ejecutar el programa. Se ingresa cuando la ejecución del programa continúa hasta una línea de código que tiene un punto de interrupción específico.

A partir de ahora, uno tendría la opción de reiniciar el programa y serpentear a través de una línea en un momento dado o continuar con los ejercicios de fábrica. En medio de este tiempo, el contexto que está anclado en la variable se puede verificar colocando el cursor sobre el nombre de la variable. Los errores para una premisa generalmente son iniciados por el código que enviaría una ayuda errónea a la variable.

Todo lo que se piensa de él puede ayudar a la región del código que confiere los errores. Una técnica provechosa para investigar esta condición de serpentear a través del código mientras se encuentra en el modo de interrupción es ir a la barra de herramientas de exploración o presionar F8.

Esa capacidad de ejecutar una línea de código en el doble, comenzando desde el propósito de la interrupción de la demanda, se puede afirmar de la misma manera y las características se pueden establecer en las variables según se verifiquen a medida que la ejecución del código pase por una línea en un momento dado. Probar el código a la velocidad asignada de una línea en un momento dado puede ser muy repetitivo, especialmente si los errores no se cometen demasiado rápido.

La ventana de solicitud en ese punto permitirá probar las variables del programa y los protocolos que se encuentran en el proceso típico de la ejecución del programa. La ventana rápida se mostrará a través de la determinación del menú de visualización. La barra de herramientas de depuración en ese punto debería ser posible presionando CTRL + G dentro del IDE

La ventana de solicitud se utiliza para mantener las variables que se le asignan con las explicaciones de depuración que se encuentran en detecciones de inconvenientes específicos que se encuentran en el programa. Las declaraciones para la depuración utilizan metodologías, por ejemplo, print y resource para el proyecto de resolución de problemas. El de afirmación se puede utilizar para interrumpir la ejecución del programa, como lo indica una articulación booleana. Los medios de impresión podrían utilizarse para componer las cualidades de la ventana de solicitud.

Además de la ventana rápida, otra herramienta para depurar proyectos de VBA es la ventana de visualización. Esta permite realizar un seguimiento de las estimaciones de una variable desde cualquier lugar del programa. El proceso consiste en agregar primero un reloj a una articulación o hacer clic con el botón derecho en la articulación y luego agregar un reloj desde el punto del menú de ruta fácil.

Lo siguiente sería elegir un protocolo específico con la articulación que uno necesita ver o seleccionar la mayor parte de los protocolos. El siguiente paso es elegir un módulo específico que tenga la articulación necesaria o elegir los módulos. Por último, uno puede elegir el método de reloj.

El tipo de reloj que se considera se va a delinear en la ventana de reloj cuando el programa experimente el modo de interrupción.

Eso implica que si se selecciona la articulación del reloj del tipo de reloj, en ese punto se establecerá un punto de interrupción dentro del proceso que tiene la articulación antes de comenzar a ejecutar el programa. Los otros dos tipos de relojes se retrasan en un área específica.

Conclusión

En conclusión, Microsoft Excel VBA puede ser una herramienta muy útil para las actividades del día a día, incluyendo la representación de datos, los cálculos y la organización. Con el código apropiado, serás capaz de lograr casi cualquier cosa en Excel.

Ya que su uso es opcional, hay una cantidad de factores que debes valorar para determinar si vale la pena el tiempo y el dinero invertidos. Por lo tanto, debemos explorar algunos de los pros y contras de Microsoft Excel VBA para determinar si es un programa digno para los profesionales y para la gente normal que busca mejorar su experiencia en Excel.

El costo es otra ventaja de usar VBA ya que el código te ahorra a ti y a tu equipo dinero, dinero que habría sido gastado para escribir información en hojas de cálculo. Al automatizar e integrar la entrada de datos, puedes ahorrar una gran cantidad de dinero, por ejemplo, si tienes la aplicación desarrollada a $7500, podrías ahorrar fácilmente unos $1000 por mes (si tu equipo pasa 12 horas en la oficina como mínimo), cuando las funciones se automatizan, el resultado es un ahorro en gastos generales.

Finalmente, VBA puede buscar y solucionar errores. En cualquier momento dado, todas las tareas pueden producir errores imprevistos e inesperados debido a diferentes circunstancias. Como resultado, tu trabajo puede resultar ser menos preciso de lo que debería, gracias a VBA serás capaz de encontrar y solucionar estos errores cuando ocurran y serás capaz de saber dónde han ocurrido exactamente. Esto te permite evitar cualquier consecuencia indeseada que pueda causarte errores en los datos.

Desafortunadamente, a pesar de que pareciera que VBA no puede ir mal, tiene algunas limitaciones que pueden afectar el modo en que representas los datos, haces cálculos o la precisión de tus datos. Entre estas limitaciones está el hecho de que tienes que hacer la programación tú mismo.

Programar requiere de atención total, disciplina y paciencia para aprender. SI eres incapaz de entender los fundamentos de VBA por una u otra razón, no serás capaz de usarlo y será inútil para ti. Esto te obligará a buscar otros medios que pueden no ser tan rápidos o precisos como VBA.

Otra desventaja de VBA es que, debido a que es usado mayoritariamente en Windows, algunos códigos de VBA no correrán bien en otras plataformas. Esto limita en gran medida el uso de VBA en otras plataformas y puede generar un costo inesperado cuando se compra una plataforma adecuada o una computadora que acepte los códigos.

Otro contra de VBA es que Excel VBA sólo soporta componentes básicos que no te permiten crear programas complejos. Esto puede limitar en gran medida tu capacidad de aprender nuevas cosas y descubrir tus fortalezas y talentos usando VBA.

Al igual que el resto de los programas, si te equivocas escribiendo el código vas a tener problemas. Escribir mal el código puede resultar en glitches en tus datos y la ejecución de entradas automatizadas. Solucionar estos problemas puede ser bastante tedioso y sólo funcionará luego de hacer un diagnóstico de problemas o reiniciar el programa, lo que puede resultar en la pérdida de los datos que ya has ingresado.

Otra debilidad de VBA es que las personas que quieren o deben usar tus programas de VBA tienen sus propias copias de Excel. Desafortunadamente no puedes transformar tu aplicación Excel/VBA en un programa standalone; sencillamente es imposible y probablemente lo siga siendo.

Finalmente, una debilidad paradójica de VBA es que es un blanco móvil. Como la compañía exitosa que es, Microsoft siempre está mejorando y cambiando para servir a sus clientes del modo ás sencillo y preciso. Usualmente esto involucra actualizar los programas a versiones más funcionales o sencillamente crear un programa totalmente nuevo para reemplazar al viejo.

Por lo tanto a pesar de que Microsoft se esfuerza bastante para hacer que los programas sean compatibles, puedes encontrar que algunos códigos de VBA no funcionan con versiones anteriores o futuras de Excel. Esta gran desventaja puede costarte dinero.

Como se ha mostrado, las ventajas de VBA superan claramente las desventajas. Además, la mayoría de las desventajas están ligadas a la precisión en términos de la entrada de códigos y el avance tecnológico. Por ejemplo, con algo como la compatibilidad, uno tendría que tener una versión más compatible de Excel para correr el código de VBA.

La habilidad de VBA para ayudarte a mejorar tus habilidades vale la pena ya que como alguien que se inicia en programación, tendrás que mejorar tus habilidades cada día. También te ayuda a mantenerte al tanto de tu trabajo e incluso te puede hacer elegible para una promoción o un trabajo de mayor nivel debido a tus nuevas habilidades.

Ahora que hemos establecido que VBA tiene más ventajas que desventajas, hay algunos consejos y trucos que deberías implementar cuando uses VBA en Excel. No son ninguna panacea para mantenerte alejado delos problemas cuando programes, más bien son unas pautas para ahorrar dinero y tiempo al mismo tiempo que mantienes la precisión y la autenticidad. Estas pautas también te ayudarán a evitar los errores que otros han cometido.

La directriz principal de VBA es declarar todas las variables. Cuando empieces a trabajar con Excel VBA, verás que Excel te permite usar variables no declaradas. Esto no es precisamente bueno.

Usar variables no declaradas causará problemas por el camino de un modo u otro, así que es mejor usar variables declaradas. En caso de que necesites auto control, añade una proclamación de "Opción Explícita" encima de tus módulos. Esto evita que tu código corra en caso de que se reconozca una variable no declarada.

Nunca declares una variable para colocar todo en un procedimiento. En caso de que crees un programa VBA no inteligente, deberías colocar todo tu código en un gran procedimiento.

Colocar tu código en un procedimiento puede tener malos resultados ya que, cuando retornes al programa para realizar mejoras, cometerás errores y crearás bugs y glitches con tu marco, por lo que podrías terminar teniendo que empezar de nuevo.

La respuesta a esto es bastante sencilla: usa un código particular. En lugar de colocar tu código en un solo procedimiento, divide tu programa en pequeños segmentos. Haz que cada segmento realice una tarea particular; al hacer esto te encargarás de problemas futuros con bugs y expandirás el nivel de precisión de tu trabajo. Obviamente si haces las cosas de este modo te va a tomar más tiempo. Sin embargo, es el pequeño precio a pagar por un código que funcione bien.

Otro método que puedes aplicar es mejorar tu código. Luego de que hayas confirmado que tu código funciona de manera correcta, deberías ordenarlo. Puedes hacer esto al asegurarte de que cada factor esté anunciado, renombra variables mal nombradas, añade comentarios para ver cómo funciona el código cuando vuelvas a revisar el programa, y además, busca partes de códigos repetitivo en caso de que tengas dos procedimientos con bloques de códigos indistinguibles, considera hacer otro procedimiento. Puedes expeler ayudas para solucionar bugs, por ejemplo, explicaciones para solucionar bugs en el Cajón de Mensajes, proclamaciones de Print.

Otro consejo que te doy cuando uses VBA es que no deberías aceptar que nadie habilite macros. Como ya sabrás, Excel te permite abrir libros de trabajo con macros desactivados, sin embargo, debes saber que habilitar los macros cuando abres un libro de trabajo de una fuente desconocida no es una acción inteligente.

Es más listo conocer a tus usuarios, algo que deberías considerar es añadir una marca avanzada a los libros de trabajo con el objetivo de que se le pueda garantizar al usuario que los libros de trabajo son tuyos y que no han sido ajustados. Finalmente, deberías empezar a probar.

Puesto que el código funciona como deseas, la gran mayoría lo abandona ya que prefieren no arruinarlo.

No obstante, crear una prueba directa es más efectivo que consolidar otro pensamiento en tu código sin entender lo que esas pruebas dicen. Así que empieza a hacer pruebas y verás lo bueno que te volverás.